Hit the Culture Button: Unternehmenskultur erfolgreich entwickeln – Potentiale wirksam entfalten

Thomas Ginter · Alex Romppel

Hit the Culture Button: Unternehmenskultur erfolgreich entwickeln – Potentiale wirksam entfalten

 Springer Gabler

Thomas Ginter
Hochschule für Wirtschaft und Umwelt
Nürtingen Geislingen
Nürtingen, Deutschland

Alex Romppel
Institut für wertezentriertes Management
Nürtingen, Deutschland

ISBN 978-3-658-42768-9   ISBN 978-3-658-42769-6   (eBook)
https://doi.org/10.1007/978-3-658-42769-6

Die Deutsche Nationalbibliothek verzeichnet diese Publikation in der Deutschen Nationalbibliografie; detaillierte bibliografische Daten sind im Internet über http://dnb.d-nb.de abrufbar.

Grafik-Design/Illustrationen: Katrina Günther, www.thinking-visual.com

Planung/Lektorat: Ann-Kristin Wiegmann
Springer Gabler ist ein Imprint der eingetragenen Gesellschaft Springer Fachmedien Wiesbaden GmbH und ist ein Teil von Springer Nature.
Die Anschrift der Gesellschaft ist: Abraham-Lincoln-Str. 46, 65189 Wiesbaden, Germany

Das Papier dieses Produkts ist recyclebar.

Prolog

Das vorliegende Buch ist von Praktikern für Praktiker, basierend auf über 20 Jahren Erfahrung mit Veränderungsprojekten in Organisationen. Und es ist wissenschaftlich fundiert, untermauert durch vielzählige Studien bzw. wissenschaftliche Projekte. Genau dieses Zusammenspiel zwischen „Stallgeruch" und kritischer Reflexion ist die Grundlage unseres Ansatzes, der das Management von Unternehmenskultur nicht als „nice to have", sondern als Notwendigkeit zur Existenzsicherung versteht. Mittlerweile hat es sich rumgesprochen: Kultur ist der zentrale Stellhebel, um die Herausforderungen unserer Zeit zu meistern. Dies zeigt auch eine aktuelle Studie von Heidrick & Struggles (2021), in der weltweit 500 Vorstandsvorsitzende von Konzernen mit einem Umsatz von mehr als 2,5 Mrd. US$ zum Thema Unternehmenserfolg befragt wurden, darunter auch 50 CEOs deutscher Unternehmen. Und das Ergebnis war eindeutig! Rund zwei Drittel der befragten Unternehmenslenker sehen die Unternehmenskultur als den zentralen Motor des wirtschaftlichen Erfolgs (Gailey et al. 2021). Aber wie schon Goethe sagte: *„Es ist nicht genug zu wissen – man muss auch anwenden. Es ist nicht genug zu wollen – man muss auch tun."*.

Zu oft mussten wir mit ansehen, wie mit viel Pathos das „neue Leitbild" einer Organisation den Mitarbeitenden präsentiert wurde, um
dann, schön eingerahmt, als Staubfänger in der Firmenzentrale zu
enden. Und das zurecht, denn ein Leitbild, das hinter verschlossenen
Türen vom Marketing intuitiv ersonnen und dann, schön verpackt,
den Mitarbeitenden als das ihre verkauft wird, ist nicht viel mehr als
ein halbherziges Versprechen auf eine nebulöse Zukunft. Dabei wird
vielfach verkannt, dass Kulturmanagement immer ein kollektiver
Prozess sein muss, der versucht die aktuelle Kultur, gemeinsam mit
allen Mitarbeitenden, zu ergründen und, darauf aufbauend, vorhandene positive Kulturfragmente zu stärken. In diesem Lichte wird
auch klar, wie unsinnig der Versuch anmutet, einem Traditionsunter-
nehmen eine „hippe" Startup-Kultur zu „verpassen". Vielmehr muss es
beim Management der Unternehmenskultur immer darum gehen das
Beste aus dem zu machen, was aktuell da ist. Was auch sonst? Uns ist
es wichtig hier eindeutig Stellung zu beziehen: Wir arbeiten nicht AN
der Kultur, sondern vielmehr MIT der Kultur; Potenzialentfaltung statt
Schattenboxen.

**Mit dem vorliegenden Buch stellen wir einen von uns ent-
wickelten Management-Ansatz vor, der Unternehmen konsequent
von ihrer Kultur her denkt. Systematisch. Stringent. Empirisch
fundiert.** Wir sehen unser Buch dabei als „Geschenk" an all jene, die
sich da draußen konkret mit dem Thema Unternehmenskultur auseinandersetzen, auseinandersetzen müssen, auseinandersetzen wollen.
Entsprechend liegt der Fokus auf dem operativen Handeln, dem
konkreten Arbeiten mit der Unternehmenskultur zur Entfesselung
vorhandener Potenziale bzw. zur Sicherung eines nachhaltigen Unter-
nehmenserfolgs. Es werden konkret Strukturen, Prozesse, Methoden,
Werkzeuge vorgestellt, die es dem Management erlauben, sicher durch
eine volatile Welt voller Komplexität, Unsicherheiten und Mehrdeutig-
keit zu navigieren. Denn die großen Herausforderungen unserer Zeit,
wie etwa die digitale Transformation, die Dekarbonisierung, der demo-
graphische Wandel, oder die Entkopplung von Handelsbeziehungen
zur Reduktion wirtschaftlicher Abhängigkeiten, können nur gemeistert
werden, wenn die kulturellen Implikationen des Handelns von Beginn
an mitgedacht werden.

Natürlich glauben wir nicht, dass wir im Besitz der alleinigen Wahrheit sind, was das Thema Unternehmenskultur betrifft. Alles ist relativ, so auch unsere Herangehensweise. Und wie schon der Statistiker George Box so schön formulierte: „*All models are wrong, but some are useful*". Auf der anderen Seite haben wir in den zurückliegenden Jahren gesehen, wie Unternehmen von innen heraus zu leuchten beginnen, wenn Veränderungsintelligenz als zentrale Zukunftskompetenz evolviert, Potenziale sich entfalten. Wir denken es ist an der Zeit unser Wissen und unsere Erfahrungen aus zahlreichen Praxisprojekten anderen „Kulturschaffenden" zur Verfügung zu stellen. Wir freuen uns, wenn es hilft!

Die Arbeit mit dem vorgestellten Management-Ansatz ist kein „quick fix", sondern erfordert Zeit, Disziplin, Ausdauer und jede Menge Energie. Für gewöhnlich dauert die nachhaltige Verankerung eines professionellen Kulturmanagements in Unternehmen 18 bis 24 Monate, manchmal etwas kürzer, manchmal etwas länger. Wie das konkret geht, zeigen wir Dir auf den folgenden Seiten, Schritt für Schritt.

Ausgangspunkt eines erfolgreichen Kulturmanagements ist zunächst einmal ein grundlegendes Verständnis des Konstrukts „Kultur". Dies ist Inhalt von **Kap.** 1. Ohne zu verstehen was Kultur ist bzw. wie Kultur immer wieder aus sich selbst heraus emergiert, bleibt Kulturarbeit wachsweich und ohne Wirkung. Also, es hilft nichts. Etwas Theorie muss sein. Wer Kultur nicht versteht, kann nicht mit ihr arbeiten. In **Kap.** 2 schauen wir uns dann sehr genau an, wie bzw. aus was sich Kultur in Unternehmen zusammensetzt, wie sie sich mittelbar und unmittelbar Tag für Tag in jedem Unternehmen ausdrückt. Dies ist die Startrampe für **Kap.** 3, in dem wir Dir einen von uns in der Praxis vielfach erprobten Prozess vorstellen, der Kultur sichtbar, verständlich und damit für alle Mitarbeitenden im Unternehmen – über alle Hierarchiestufen hinweg – als Reflexionsfläche des Handelns nutzbar macht. Hier steigen wir ein in die tiefsten Tiefen der Kulturanalyse, ein mühsames, aber überaus lohnenswertes Unterfangen. In **Kap.** 4, dem letzten Kapitel unseres Buchs, ist der Berg dann erklommen und wir nehmen Dich mit auf die ausgesprochen freudvolle Operationalisierung des Kulturmanagements. Und da Kulturmanagement immer mit

Veränderungen einhergeht, liegt unser Augenmerk hierbei insbesondere darauf, wie Veränderung in Unternehmen gelingen kann, systematisch, nachhaltig, erfolgreich. Okay, let's hit the culture button!!!

Tübingen/Freiburg im Sommer 2023   Thomas Ginter
                                                     Alex Romppel

Literatur

Gailey, R., Johnston, I., & LeSueur, A. (2021). *Aligning culture with the bottom line: How companies can accelerate progress.* Heidrick & Struggles International, Inc.

Inhaltsverzeichnis

Über die Autoren

Thomas Ginter ist Professor für Betriebswirtschaftslehre mit den Schwerpunkten Organisationsentwicklung, Transformation und Management. Seit 2011 lehrt er an der Hochschule für Wirtschaft und Umwelt (HfWU) in Nürtingen und verantwortet dort als Studiendekan bzw. Programmleiter den Master Organisationsdesign sowie den berufsbegleitenden MBA Transformation & Management. Neben seiner Professur ist Thomas Ginter seit 2001 auch als Unternehmensberater und Organisationsentwickler tätig. Als Gründungspartner und wissenschaftlicher Leiter des Instituts für wertezentriertes Management (IWM) unterstützt Professor Ginter Unternehmen bei Strategie-, Kulturentwicklungs- bzw. Transformationsprojekten. (thomas.ginter@hfwu.de)

Alex Romppel ist Unternehmer und Gründer in den Bereichen Software, Beratung & Bildung. Er ist u.a Co-Founder des Software-Unternehmens Team Technology, welches für seine Collaboration Lösung von IBM bei den Beacon Awards in Las Vegas ausgezeichnet wurde. Als Co-Founder & CEO des Instituts für wertezentriertes Management (IWM) begleitet er Führungskräfte und Organisationen in Transformations-, OE- und Kulturprozessen. Gemeinsam mit Thomas Ginter hat er den

Master Organisationsdesign und den berufsbegleitenden MBA Transformation & Management konzipiert und an der Hochschule für Wirtschaft und Umwelt (HfWU) implementiert. Darüber hinaus ist Alex Romppel an der HfWU Lehrbeauftragter für die Bereiche Arbeitsorganisation, Transformation & Leadership. Sein Forschungsschwerpunkt ist die Neue Phänomenologie und deren Nutzbarmachung für die Organisationsentwicklung. (alex.romppel@iwm.biz)

1

Kultur verstehen

Der Kontext bestimmt das Sein – das Sein bestimmt den Kontext.

© Der/die Autor(en), exklusiv lizenziert an Springer Fachmedien Wiesbaden GmbH,
ein Teil von Springer Nature 2023
T. Ginter und A. Romppel, *Hit the Culture Button: Unternehmenskultur
erfolgreich entwickeln – Potentiale wirksam entfalten,*
https://doi.org/10.1007/978-3-658-42769-6_1

These

Unternehmenskultur kann nicht designt, oder gar per Weisung von oben verändert werden, sondern emergiert vielmehr kontinuierlich aus sich selbst heraus.

Hauptaussage

Wir arbeiten nicht AN der Unternehmenskultur mit dem Ziel diese zu verändern, sondern MIT der Unternehmenskultur mit dem Ziel uns zu entwickeln.

Warum ist es wichtig?

Die Annahme, dass man einen unternehmensweiten „Culture Change" erfolgreich durchführen kann, gründet sich eher auf Wunschdenken als auf realistischen Handlungsoptionen. Wirksames Kulturmanagement zielt stattdessen darauf ab, bereits vorhandene positive Muster der Unternehmenskultur zu identifizieren und diese im Sinne des heutigen und zukünftigen Erfolgs gezielt zu stärken. Es geht folglich darum das Beste aus dem zu machen, was bereits da ist. Potenzialentfaltung statt „Wünsch Dir was".

Key Take Out

Unternehmenskultur ist komplex, emergiert kontinuierlich aus sich selbst heraus und findet ihren Ausdruck im Fühlen, Denken und Handeln der agierenden Mitglieder des Unternehmens. Auch wenn die Unternehmenskultur per se nicht (be-)greifbar ist, können wir sie über zentrale Kulturfragmente unmittelbar bzw. mittelbar erfassen.

Stell Dir vor, eine Gruppe von Freunden trifft sich zu einer Geburtstagsfeier und einer der Teilnehmer lenkt das Gespräch auf das Thema Kultur. Unmittelbar entstehen unterschiedlichste Assoziationen in der Runde und der Turmbau zu Babel beginnt. So schwärmt beispielsweise eine der Teilnehmerinnen von ihrer letzten Reise durch Südostasien und betont, wie unterschiedlich doch die Menschen in dieser Region miteinander umgehen (Stichwort: Kulturkreis). Ein anderer denkt sofort an den Besuch eines Klavierkonzerts und lobt die Musikerin für ihr Vibrato (Stichwort: Kulturschaffende). Ein Dritter erzählt von seiner Reise nach Ägypten und den außergewöhnlichen Bauwerken aus der Pharaonenzeit, die er dort voller Ehrfurcht besichtigt hat (Stichwort: Hochkultur). Schließlich lenkt ein Teilnehmer das Gespräch auf die Kultur des Freundeskreises selbst und fragt in die Runde, für welche Wertvorstellungen die Gruppe eigentlich steht (Stichwort: Geisteshaltung).

So spannend und vielfältig das Gespräch auch verläuft, so schwierig ist es gleichzeitig den Begriff Kultur zu domestizieren. Das wäre eigentlich nicht weiter schlimm, wenn sich alle des Facettenreichtums des Kulturbegriffs bewusst wären. So aber reden irgendwie alle aneinander vorbei und alle haben recht.

Und natürlich haben auch wir klare Vorstellungen davon, was es mit dem Konstrukt Kultur auf sich hat. Ohne Anspruch auf eine allgemein gültige Definition werden wir diese Vorstellungen im Folgenden kurz skizzieren. Denn der Leser hat zweifelsohne ein Recht darauf zu wissen, auf welche Facette von Kultur wir uns fokussieren werden.

1.1 Kultur ist Handeln

Die wohl weitläufigste Definition von Kultur, die uns untergekommen ist, definiert Kultur als das vom Menschen Gemachte bzw. gestaltend Hervorgebrachte. In diesem Sinne ist Kultur immer mittelbares bzw. unmittelbares Handeln. Eine spannende Sichtweise, die wir unserem Kulturverständnis zugrunde legen. Um jedoch mit dem Konstrukt Kultur im unternehmerischen Kontext arbeiten zu können, müssen wir dieses weiter konkretisieren. Zunächst einmal, wie der Titel des Buchs bereits vermuten lässt, liegt unser Fokus auf der Organisationsentwicklung, der Untersuchung bzw. dem Management von Unternehmenskultur. Dabei treffen wir in Theorie und Praxis auf ein sehr vielfältiges Verständnis des Kulturbegriffs. (siehe: Abb. 1.1).

Das wohl am weitesten verbreitete Verständnis, oder besser Miss-Verständnis, im Umgang mit Unternehmenskultur besteht darin, diese als Variable zu verstehen, die zur Verwirklichung gesteckter Ziele beliebig modifiziert bzw. vom Management direkt beeinflusst werden kann. Gerade in jüngster Zeit, in der das Management händeringend bemüht ist, mit dem Wahnsinn der Welt Schritt zu halten, erfährt dieses Kulturverständnis zunehmende Beliebtheit, verspricht es doch dem Management durch die willentliche Modifikation der Unternehmenskultur unmittelbar auf Veränderungen des Unternehmensumfelds reagieren bzw. Kultur als Instrument zur Manipulation der Mitarbeitenden einsetzen zu können. Nach diesem Verständnis muss

KULTURELLES
Missverständnis

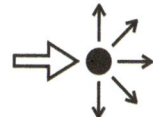

KULTURELLE
Klarheit

Die Unternehmenskultur ist eine Variable, die zur Verwirklichung gesteckter Ziele beliebig modifiziert bzw. vom Management direkt beeinflusst werden kann.

Die Unternehmenskultur kann nicht designt oder gar per Weisung von oben verändert werden, sondern emergiert vielmehr kontinuierlich aus sich selbst heraus.

Wir haben eine Kultur!

Wir sind eine Kultur!

Das Arbeiten an der Kultur mit dem Ziel, diese zu verändern: Culture Change.

Das Arbeiten mit der Kultur mit dem Ziel, uns zu entwickeln: Culture Development.

Abb. 1.1 Kulturelles Missverständnis vs. Kulturelle Klarheit

die Unternehmenskultur einfach mit den gesteckten Zielen des Unternehmens abgeglichen und entsprechend verändert werden und, schwuppdiwupp, ist der sogenannte „Culture Change" vollzogen.

Ein anderes Kulturverständnis, dem auch wir in unseren Ausführungen folgen werden, vertritt die Ansicht, dass Unternehmenskultur nicht designt oder gar per Weisung von oben verändert werden kann, sondern vielmehr aus sich selbst heraus kontinuierlich emergiert, d. h. sich immer wieder selbst erschafft. Dies geschieht primär durch die Vernetzung und den Diskurs der Organisationsmitglieder, die, bewusst bzw. unbewusst, die vorherrschende Kultur untereinander verhandeln und damit kontinuierlich weiterentwickeln; und dies meist nur geringfügig determiniert durch die aktuellen Entscheidungen des

Managements. In diesem Sinne bestimmt das Sein den kulturellen Kontext basierend auf einem kontinuierlichen Strom mannigfaltiger Interaktionen. Gleichzeitig werden die Organisationsmitglieder durch die vorherrschende Kultur beeinflusst, sprich: der Kontext bestimmt das Sein, d. h. niemand kann sich dem Einfluss der vorherrschenden Kultur entziehen, die Kultur prägt auf diese Weise sozial erwünschtes bzw. kollektiv vereinbartes Verhalten. Dieses reziproke Wechselspiel macht Kulturmanagement so schwierig und zugleich überaus spannend. Klar jedoch ist, dass die Idee, Kultur manipulativ aussteuern zu können, nach diesem Verständnis mehr als Hybris des Managements, denn als tatsächliche Handlungsoption verortet werden muss. Ziel eines Kulturmanagements, das Kultur vielmehr als Metapher, denn als Variable begreift, ist

1. zunächst grundlegend zu verstehen, wie die eigene Kultur empfunden bzw. interpretiert wird,
2. was diese Interpretation für Auswirkungen auf bestehende Prozesse und Strukturen hat,
3. welche Stellhebel es gibt, um die Wirksamkeit der bestehenden Kultur zu erhöhen und, vor allem,
4. den Rahmen zu schaffen, in dem die identifizierten Stellhebel zielführend umgelegt werden können.

Potenzialentfaltung statt „Culture Change" – das Arbeiten MIT der Kultur, statt kulturelles „Wünsch-Dir-Was".

1.2   Kulturelle Emergenz

Bevor wir unsere Definition von Unternehmenskultur preisgeben, schauen wir uns zuvor noch an, wie Unternehmenskultur eigentlich entsteht und wie sie sich dann, im Zeitablauf, kontinuierlich verselbständigt.

Ein junger Mann, Mitte 20, entschließt sich mit seiner Geschäftsidee „Software-Applikationen für Call-Center" selbständig zu machen. Er ist ehrgeizig, ausdauernd und überaus kollegial im Umgang mit seinen

Mitarbeitenden, deren Anzahl, nach dem ersten erfolgreichen Produkt-Launch, kontinuierlich zunimmt. Nach zwei harten, aber überaus erfolgreichen Jahren besteht das Team mittlerweile aus 25 Mitgliedern. Sie alle sind sehr bemüht es ihrem Chef gleich zu tun und treten, wie er, entsprechend ehrgeizig, ausdauernd und überaus kollegial im Umgang untereinander auf. Das ist nicht weiter verwunderlich, da der Gründer eine überaus charismatische Persönlichkeit ist und die Mitarbeitenden intuitiv die Wertvorstellungen des Gründers kopieren. Dieses Muster wiederholt sich mehr oder weniger bei allen Unternehmensgründungen auf ähnliche Weise: die Gründer:innen legen mit ihren ureigenen Wertvorstellungen den Grundstein für die Unternehmenskultur; die ersten Mitarbeitenden ahmen diese Wertvorstellungen mehr oder weniger reflektiert nach. Aber noch ist das Gebilde sehr fragil. Erst nach einer Phase nachhaltigen Erfolgs beginnen die Mitarbeitenden sich dann tatsächlich mit diesen Wertvorstellungen zu identifizieren. Sie machen sich die vormals nachgeahmten Wertvorstellungen zu eigen. Und genau in dieser Phase geschieht etwas überaus Interessantes. Je mehr die Mitarbeitenden beginnen sich mit den von den Gründern:innen vorgelebten Wertvorstellungen tatsächlich zu identifizieren, desto geringer wird der Einfluss der Gründer:innen auf die Kultur des Unternehmens. Die Unternehmenskultur verselbständigt sich, gespeist durch die reziproke Beeinflussung zwischen Gründer:innen, Mitarbeitenden und dem Umfeld des Unternehmens. Sie emergiert fortan kontinuierlich aus sich selbst heraus.

Durch die gegenseitige Beeinflussung der so manifestierten Kultur mit den einzelnen Kulturdeterminanten entstehen im Zeitablauf gänzlich neue Kulturausprägungen. Das so entstehende „Neue" lässt sich dabei nicht direkt aus den einzelnen Kulturdeterminanten, sondern nur aus deren Zusammenspiel herleiten. Auf das Management von Unternehmenskultur übertragen bedeutet dies, dass die stringente Planung eines Kulturveränderungsprozesses zum Scheitern verurteilt ist. Alles ist mit allem verknüpft, Rückkopplungen führen immer wieder zu Überraschungen, die erfreulich Neues zu Tage fördern und/oder Bestehendem unerbittlich den Garaus machen. Entsprechend ist es nicht verwunderlich, dass linear geplante „Culture Change Prozesse" regelmäßig an die Wand fahren.

1.3   Kultur ist komplex

Ein weiterer Aspekt, den wir unserer Definition von Unternehmenskultur voranschicken müssen, damit diese klar eingeordnet werden kann, ist der Umstand, dass die Kultur eines Unternehmens ein überaus komplexes Gebilde ist. Und je weniger die Organisationsmitglieder in der Lage sind unmittelbar miteinander zu interagieren, desto komplexer wird das Ganze.

Ein Beispiel: In einem mittelständischen Unternehmen aus dem Maschinenbau führt das Management, wie alle 5 Jahre, eine Befragung zur Mitarbeitenden-Zufriedenheit durch. Und die Ergebnisse sind dabei wenig erfreulich. Die Prozesse werden von den Befragten als zu bürokratisch, die Strukturen als zu hierarchisch und das Miteinander als chaotisch bewertet. Wie kann das sein? War man doch stets bemüht sich permanent zu optimieren. Nach einer eingehenden Analyse der Befragungsergebnisse ist klar, dass nur eine grundlegende Veränderung des Miteinanders die Mannschaft wieder auf Spur bringt und so beschließt das Management ein „Culture Change Programm". Berater werden hinzugezogen, um eine wünschenswerte Unternehmenskultur zu entwerfen, die die Zufriedenheit der Mitarbeitenden und gleichzeitig den Erfolg des Unternehmens steigern soll. Voller Elan macht sich das Management an die Arbeit. Es werden Konzepte zur Umsetzung des „Culture Change" entwickelt, ein Projektplan zu dessen Umsetzung aufgestellt und Arbeitsgruppen installiert, die die geplanten Maßnahmen umzusetzen haben. Zum Kick-Off des Programms, das unter dem Motto „Die Zukunft gehört uns" präsentiert wird, stellt der Vorstand in einem Town Hall Meeting persönlich das vom Führungsteam erarbeitete Zukunftsbild sowie die sich daraus abgeleiteten Projekte der versammelten Belegschaft vor. Die Stimmung ist gut, wenn auch etwas verhalten. „Mal sehen, was davon wirklich umgesetzt wird", munkelt es unter den Anwesenden. Nach einem Jahr muss das Management jedoch feststellen, dass die Dinge sich nicht so entwickelt haben, wie man sich das zu Beginn des Projekts erhofft hatte. Zwar hat sich das Unternehmen in manchen Bereichen positiv weiterentwickelt, von der anvisierten Wunschkultur ist man jedoch nach wie vor meilenweit entfernt. Fast scheint es so, als dass sich das Unternehmen gegen den Kulturwandel wehrt, die Veränderungsbemühungen teilweise sabotiert werden. Aber von wem oder was werden die Bemühungen des Managements sabotiert? Erklären lässt sich das Ganze durch einen zentralen Begriff: Komplexität.

Komplexität ist die Welt der Überraschungen und der Nicht-Linearität. Alles ist mit allem durch Rückkopplungen vernetzt, und damit voneinander abhängig; das kausale Ursache-Wirkungs-Prinzip außer Kraft gesetzt. Dies gilt gleichermaßen für künstliche neuronale Netzwerke, wie auch für menschliche Gemeinschaften jeglicher Couleur. So kann beispielsweise das Regelwerk eines Fußballspiels problemlos verstanden und die Logik des Spiels analytisch erfasst werden. Aber dies alleine führt mitnichten zum Erfolg. So verliert mitunter eine Mannschaft ihr Spiel gegen einen vermeintlich schwächeren Gegner, während sie just nur eine Woche zuvor in gleicher Besetzung den klaren Favoriten souverän vom Platz gefegt hat. Und dem Trainer bleibt zunächst nichts weiter übrig, als sich am Spielfeldrand die Haare zu raufen. Und genau so ergeht es immer wieder auch Führungskräften in Unternehmen, die Veränderungsprojekte trotz detaillierter Planung an die Wand fahren: zu viele Verknüpfungen, zu viele Rückkopplungen, zu viele Bälle in der Luft, als dass man die Situation linear verlässlich aussteuern könnte. Und dies führt dann unweigerlich zu „unvorhersehbaren" Fehlern. Aber nicht nur die mannigfaltigen Wechselwirkungen bereiten dem Management in Veränderungsprozessen Kopfzerbrechen. Darüber hinaus müssen sie einen Umgang damit finden, dass komplexe Systeme dazu tendieren, sich selbst zu erhalten. Dieses Phänomen, das in der Fachliteratur unter dem Begriff „Autopoesis" behandelt wird, macht es dem Management unmöglich grundlegende Veränderungen per „Command and Control" um- bzw. durchzusetzen. Das System wehrt sich! Aber heißt dies nun, dass das Management komplexer Systeme gänzlich unmöglich ist? Mitnichten! Es erfordert lediglich neue Sicht- und Herangehensweisen und, vor allem, Persönlichkeiten, die Vielfalt bzw. Ungewissheit vielmehr als Chance, denn als überwindbares Übel begreifen. Werfen wir im Folgenden einen kurzen Blick auf das Management von Komplexität.

Wichtige Hinweise zum Umgang mit Komplexität bekommen wir aus der Kybernetik, der Kunst des Steuerns. Nach Ashby's Gesetz (engl.

Law of Requisite Variety) lässt sich Komplexität nur mit Komplexität begegnen. Und genau dies ist der Schlüssel für erfolgreiches Kulturmanagement. Während unser „natürlicher" Impuls im Umgang mit Komplexität gemeinhin darin besteht, diese möglichst zu reduzieren und/oder uns auf vertraute Muster zu verlassen, führt genau dieses Verhalten für gewöhnlich zu Problemen. Die Lösung aus dem Dilemma: Die Erhöhung der eigenen institutionellen Komplexität! Ein zentraler Schlüssel hierzu ist die Ermächtigung (engl. Empowerment) der Mitarbeitenden, sei es durch den Aufbau neuer Kompetenzen (KÖNNEN), dadurch, dass man ihnen Raum gibt vorhandene Kompetenzen im Sinne der gemeinsamen Sache einzusetzen (DÜRFEN), und durch die Begeisterung der Mitarbeitenden für den Umgang mit komplexen Aufgabenstellungen (WOLLEN). Erfolgreiches Kulturmanagement fördert entsprechend das KÖNNEN, DÜRFEN und WOLLEN aller Organisationsmitglieder und hilft so vorhandene Potenziale zu entfalten (MACHEN). (Abb. 1.2).

Und noch etwas können wir aus dem Management von Komplexität für das Kulturmanagement ableiten, und zwar dessen Steuerungsprinzipien. Hierbei müssen wir zunächst klären, was wir im Zusammenhang von Komplexitätsbewältigung unter dem Begriff Steuerung verstehen. Steuerung bedeutet in diesem Kontext zunächst einmal hypothesengeleitet, d. h. auf Grundlage von Vermutungen („Wir glauben, dass …") gezielte Impulse zu setzen. Hypothesengeleitet deshalb, weil wir vermeiden müssen, dass gedankenlos bzw. unüberlegt das System aktionistisch „attackiert" wird. Entsprechend des Leitsatzes „Handlung braucht Richtung" setzen wir also gezielt Impulse und messen dann, ob wir das angestrebte Ergebnis erreicht haben. Und egal, ob wir das angestrebte Ergebnis erreicht, übererfüllt oder verfehlt haben, müssen wir vor jedem neuen Setzen von Impulsen durch Reviews (inhaltsbezogen) und Retrospektiven (prozessbezogen) überprüfen, was wir aus unseren vorgelagerten Aktivitäten gelernt haben bzw. lernen können. Die Handlungslogik lautet entsprechend:

1. setze einen hypothesengeleiteten Impuls,
2. messe, ob Du das angestrebte Ergebnis erreicht hast,

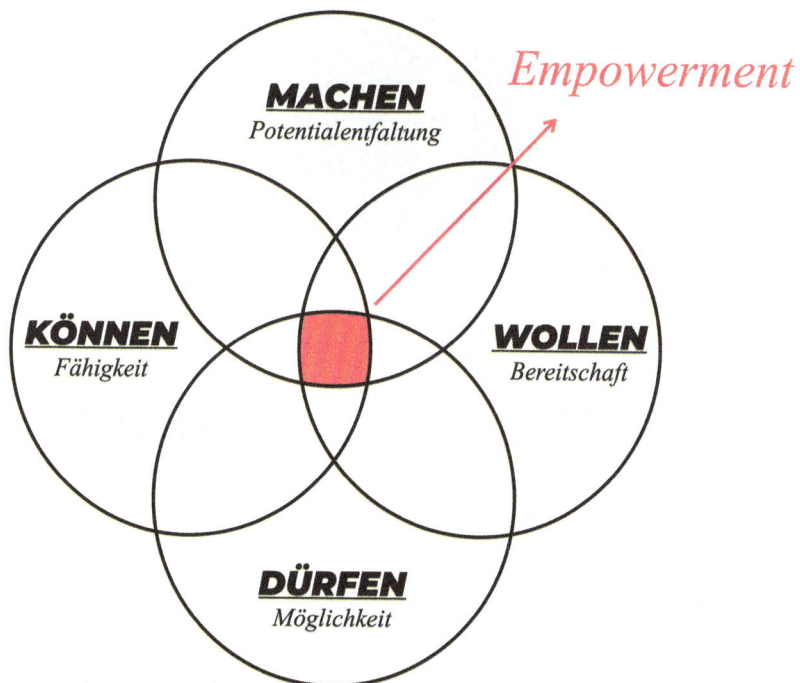

Abb. 1.2 Empowerment

3. lerne aus den gemachten Erfahrungen,
4. setze einen weiteren Impuls (siehe: Abb. 1.3)

Dieser Logik folgt man so lange, bis das angestrebte Ergebnis erreicht wurde, oder aber, aus gutem Grund, verworfen wird. Und genau dies ist auch das Vorgehen im Kulturmanagement: Iterativ-inkrementell der Zukunft entgegen!

1.4 Definition Unternehmenskultur

So, nach all den oben vorgenommenen Abgrenzungen bzw. Standortbestimmungen wollen wir nun unsere Definition von Unternehmenskultur vorstellen. Und die ist wie folgt:

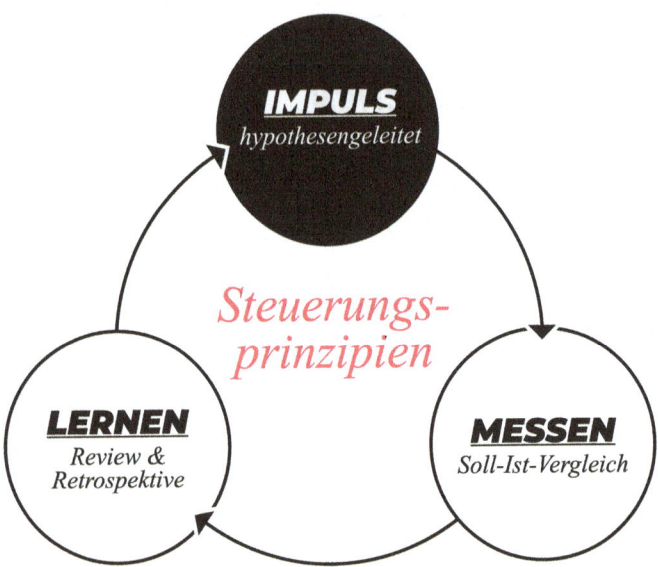

Abb. 1.3 Steuerungsprinzipien des Kulturmanagements

> Unternehmenskultur ist die Summe der Fragmente der sozialen Identität einer Organisation und findet ihren Ausdruck im Fühlen, Denken und Handeln der agierenden Menschen.

Für den Fall, dass Dir die Definition auf den ersten Blick etwas „kryptisch" erscheint, gibt es im Folgenden noch ein paar tiefergehende Erläuterungen. Dabei wollen wir uns zunächst auf die Kernaussage der Definition fokussieren und klären, was mit der Formulierung „Summe der Fragmente der sozialen Identität einer Organisation" gemeint ist, d. h. der Frage nachgehen, wie sich die soziale Identität einer Organisation im betrieblichen Alltag konkret beobachten bzw. erfahren lässt. Da Kultur komplex ist, gibt es natürlich auch eine Vielzahl von Fragmenten, die diese ausmachen. Dennoch können wir **fünf zentrale Fragmente** klar bestimmen:

1. **Manifestationen:** Jede Kultur findet ihren Ausdruck bewusst oder unbewusst in einer Vielzahl von Manifestationen, die als Kulturträger

organisationale Sinngehalte sichtbar machen. Hierzu zählen etwa die Gestaltung der Arbeitsräume, das Corporate Design, die firmeneigene Sprache, zitierte Geschichten, Legenden & Mythen, gelebte Rituale, aber auch allerlei organisationsspezifische Wunderlichkeiten. (Abschn. 2.1)

2. **Kernwerte:** Jede Organisation verfügt über die ihr eigenen Wertvorstellungen, die sie einzigartig bzw. unverwechselbar machen. In diesem Kontext kann man auch von der DNA einer Organisation sprechen. Dabei handelt es sich nicht explizit um moralische Vorstellungen. Vielmehr beschreiben die Kernwerte einer Organisation all das, wofür eine Organisation steht. Jede Organisation besitzt dabei ihre individuellen historisch gewachsenen Kernwerte, jedoch sind den wenigsten Unternehmen diese tatsächlich bewusst. (Abschn. 2.2)

3. **Der gemeinsame Richtungssinn:** Kultur ist Handeln und Handeln braucht immer Richtung. So bewegt sich jede Organisation in eine bestimmte Richtung, nach der die Organisationsmitglieder ihre Aktivitäten ausrichten. Dabei geht es nicht um explizit formulierte Ziele, sondern vielmehr um einen gemeinsam empfundenen Richtungssinn, der dem Sosein der einzelnen Akteure Sinnhaftigkeit verleiht und einen Zwang zur Veränderung impliziert. (Abschn. 2.3)

4. **Arbeitsprinzipien:** Arbeitsprinzipien beschreiben, wie Menschen miteinander arbeiten bzw. miteinander arbeiten wollen. Dabei werden Arbeitsprinzipien, anders als formale Regeln, immer unter den Organisationsmitgliedern ausgehandelt. Sie haben unmittelbaren Einfluss auf das Miteinander im Unternehmen. (Abschn. 2.4)

5. **Veränderungsthemen:** Kulturmanagement bedeutet immer auch positive Veränderungen zu initiieren. Hierzu ist es erforderlich die zentralen Stellhebel der Veränderung zu bestimmen und diese in entsprechende Projekte zu überführen. (Abschn. 2.5)

Auch wenn Kultur per se nicht (be-)greifbar ist, können wir diese über die vorgestellten Fragmente der sozialen Identität mittelbar erfassen. Hieraus ergeben sich unmittelbar Konsequenzen für das Kulturmanagement. Um Kultur begreifbar zu machen, benötigen wir Messinstrumente, die das Sichtbare, als auch das Unsichtbare der

Organisationskultur grundlegend erfassen. Leicht gesagt, schwer getan. Denn während wir sichtbare Manifestationen problemlos beobachten können, können wir nur erahnen, welche Gefühle unsere Mitarbeitenden tatsächlich haben bzw. welche grundlegenden Antriebskräfte ihr Handeln lenken. Aber genau dies müssen wir unabdingbar erfassen respektive verstehen. Denn nur wenn wir den Status Quo der aktuell vorherrschenden Kultur verstehen, können wir beginnen diese zu managen. Dabei verfolgen wir mit dem Management der Organisationskultur explizit keinen „Culture Change", sondern „Culture Development", d. h. eine grundlegend positive Entwicklung der Unternehmenskultur. Entsprechend lässt sich die Intention von Kulturmanagement wie folgt definieren:

> Kulturmanagement zielt darauf ab, die positiven Muster der Unternehmenskultur zu identifizieren und diese im Sinne des heutigen und zukünftigen Erfolgs gezielt zu stärken.

Wir spielen folglich nicht „wünsch dir was", sondern arbeiten mit dem, was da ist. Dabei legen wir ein besonderes Augenmerk auf das Positive der Kultur, d. h. wir versuchen vorhandene positive Kulturmerkmale zu bestimmen und geben diesen gezielt Raum zur Entfaltung. Natürlich ist uns klar, dass jede Kultur auch negative Merkmale aufweist. Aber dadurch, dass wir uns bei unserem Kulturmanagement auf die positiven Merkmale konzentrieren, verlieren die „unbeachteten" negativen Merkmale an Kraft und, langfristig auch an Bedeutung. So dienen sie zwar als Impulsgeber für Veränderungen, der Erfolg der angestrebten Veränderungen sollte jedoch immer auf der Stärkung der positiven Kulturmerkmale basieren. Ein Beispiel: In einem von uns begleiteten Dienstleistungsunternehmen hat die Analyse der Kultur unter anderem ergeben, dass das Miteinander im Unternehmen immer wieder durch „Lästern" vergiftet wird. Gleichzeitig fühlten sich die meisten Mitarbeitenden unwohl damit und wünschten sich mehrheitlich einen offeneren, respektvolleren Umgang. Dem Analyse-Ergebnis folgend haben wir zunächst den Sachverhalt publik gemacht und hierauf Impulse gesetzt, um einen respektvolleren, offeneren Umgang zu stärken. So war das Unwohlsein der Mitarbeitenden mit dem Lästern zwar Ausgangspunkt der Veränderung, kulturprägend war jedoch der Wunsch nach einem positiven Miteinander, dass fortan Raum zur Entfaltung bekam.

Aber wie können wir, ganz konkret, über die sichtbaren Manifestationen hinaus zum Kern der Unternehmenskultur, den Kernwerten, Verhaltenssystemen und Veränderungsthemen vordringen? Und, vor allem, wie können wir unsere Unternehmenskultur besprechbar und damit gestaltbar machen? Was bzw. wen es hierzu im Wesentlichen braucht sind

1. qualifizierte **Data Scientists,** die mithilfe differenzierter Analysetools den Status Quo der sozialen Identität des Unternehmens qualitativ und quantitativ erfassen (Abschn. 3.1–3.3),

2. **Workshop Facilitators,** die gemeinsam mit ausgewählten Mitarbeitenden den ermittelten Status Quo reflektieren und, darauf aufbauend, die vorherrschenden Wertvorstellungen, Verhaltenssysteme und Veränderungsthemen des Unternehmens herausarbeiten (Abschn. 3.4),

3. ein **Kreativteam,** das aus den Ergebnissen der Analysen und Workshop Sessions ein konsensfähiges Leitbild formuliert und dieses graphisch aufarbeitet (Abschn. 3.5),

4. ein gut besetzter **Lenkungskreis,** dessen Aufgabe es ist die identifizierten Veränderungsthemen zu priorisieren, strategische Entscheidungen zu treffen, Strukturen für das Veränderungsmanagement aufzubauen und die erforderlichen Mittel freizugeben (Abschn. 3.6), sowie

5. ein **professionelles Projektteam,** das den Gesamtprozess aussteuert, die gesetzten Themen aufgreift, plant und gemeinsam mit den Mitarbeitenden bearbeitet (Abschn. 4). (Abb. 1.4)

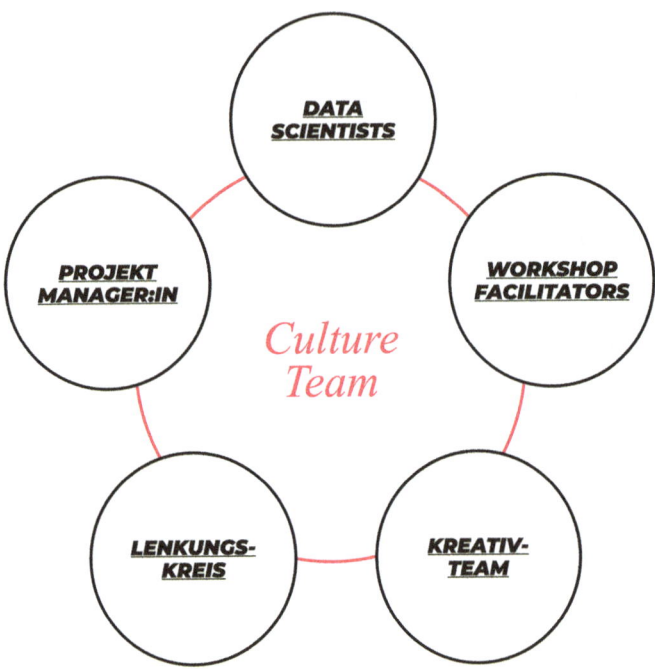

Abb. 1.4 Das Culture Team

Und der Lohn für all die Mühen:

Potenzialentfaltung und kulturelles Wachstum!

Im folgenden Kapitel wollen wir uns die zentralen Fragmente der Unternehmenskultur einmal etwas genauer anschauen. Sie dienen als Grundpfeiler eines professionellen Kulturmanagements und müssen daher in ihrer Vielschichtigkeit grundlegend verstanden werden. Ohne tieferes Verständnis der Fragmente bleibt Kulturmanagement mehr Schein als Sein.

2

Kulturelle Fragmente

Kultur ist wie ein Puzzle. Du musst es zusammensetzen,
um das ganze Bild zu erkennen.

© Der/die Autor(en), exklusiv lizenziert an Springer Fachmedien Wiesbaden GmbH, **17**
ein Teil von Springer Nature 2023
T. Ginter und A. Romppel, *Hit the Culture Button: Unternehmenskultur*
erfolgreich entwickeln – Potentiale wirksam entfalten,
https://doi.org/10.1007/978-3-658-42769-6_2

These

Das Arbeiten MIT der Unternehmenskultur setzt voraus, dass wir verstehen, aus welchen Fragmenten sich diese zusammensetzt. Nur so können wir die soziale Identität eines Unternehmens substanziell erfassen.

Hauptaussage

Da Kultur komplex ist, gibt es natürlich auch eine Vielzahl von Fragmenten, die diese ausmachen. Dennoch können wir fünf zentrale Fragmente klar bestimmen: Manifestationen, Kernwerte, der gemeinsame Richtungssinn, Arbeitsprinzipien und Veränderungsthemen.

Warum ist es wichtig?

Um Kulturmanagement sinnvoll betreiben zu können, müssen wir die kulturellen Fragmente der Unternehmenskultur in ihrer Vielschichtigkeit und Komplexität grundlegend verstehen. Ohne tieferes Verständnis der Fragmente bleibt Kulturmanagement mehr Schein als Sein.

Key Take Out

Mit den fünf kulturellen Fragmenten (Manifestationen, Kernwerte, der gemeinsame Richtungssinn, Arbeitsprinzipien, Veränderungsthemen) lässt sich die Kultur eines Unternehmens wie ein Puzzle zusammensetzen.

Wer ab und an puzzelt, der kennt das Phänomen: Zunächst ist alles sehr vage und fragmentiert. Die einzelnen Teile liegen lose auf dem Tisch und das Motiv des Puzzles lässt sich nicht ansatzweise erahnen. Wir beginnen das Puzzeln mit dem Offensichtlichen, dem suchen und zusammensetzen der Randteile, sprich, wir geben dem Bild zunächst einen Rahmen. In einem nächsten Schritt sortieren und ordnen wir die Einzelteile, setzen diese sukzessive zusammen. Wir probieren und verwerfen, sortieren neu und arbeiten uns schrittweise vor, bis mit dem letzten Teil das Bild komplettiert wird; alles passt nun zusammen (siehe: Abb. 2.1).
    Kultur als Puzzle zu begreifen, ist unseres Erachtens eine schöne Analogie. Aber Vorsicht! Kultur ist natürlich kein Puzzle. Kultur ist vielmehr dynamisch, emergiert ständig aus sich selbst heraus und ist daher

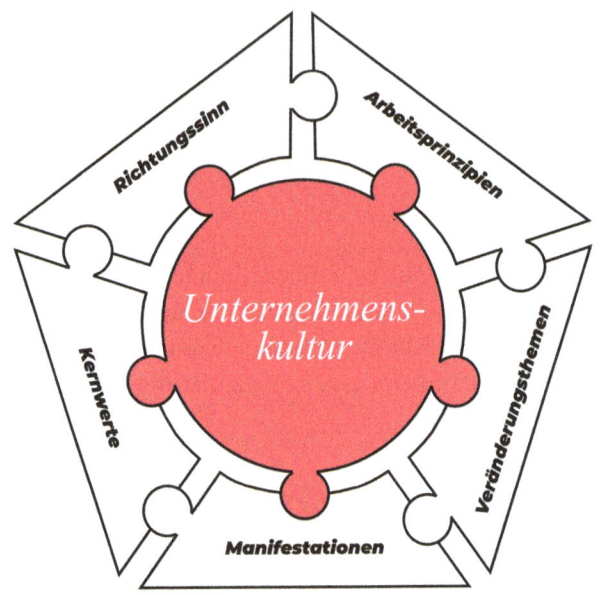

Abb. 2.1 Kulturelle Fragmente

niemals final zu erfassen. Dennoch hilft uns die Analogie dabei, das Phänomen Unternehmenskultur sukzessive zu erschließen. Denn bevor wir mit der Kulturarbeit beginnen können, müssen wir zunächst die Einzelteile der Kultur, sprich die Fragmente, sortieren, bestimmen und dadurch „handhabbar" machen.

Beim Sortieren der Kulturfragmente helfen uns die folgenden fünf Fragen:

1. *Wie drückt sich Kultur bei uns unmittelbar aus (Manifestationen)?*
2. *Wofür stehen wir (Kernwerte)?*
3. *Was treibt uns an (der gemeinsame Richtungssinn)?*
4. *Wie wollen wir zusammenarbeiten (Arbeitsprinzipien)?*
5. *Was wollen wir unabdingbar ändern (Veränderungsthemen)?*

Die Beantwortung dieser fünf Fragen hilft uns unmittelbar, die soziale Identität einer Organisation zu erfassen. Natürlich ist uns klar, dass die

Antworten auf diese Fragen von Mensch zu Mensch erheblich variieren können. Dennoch haben wir bei unserer Arbeit mit Unternehmen die Erfahrung gemacht, dass es fraglos in jeder Organisation einen „gemeinsamen Nenner" gibt, der die vorherrschende kulturelle Identität widerspiegelt. Man muss nur richtig hinschauen.

In diesem Kapitel wollen wir die vorgestellten Kulturfragmente eingehender beleuchten. Wir wollen uns anschauen, was sich hinter den einzelnen kulturellen Ausprägungen verbirgt und auf Besonderheiten bei der Beantwortung der oben aufgeführten fünf Fragen eingehen. Wie die einzelnen Fragmente methodisch valide erfasst und herausgearbeitet werden können, zeigen wir dann in Kap. 3.

2.1   Manifestationen: Wie Kultur sich unmittelbar ausdrückt

Jede Kultur findet ihren Ausdruck bewusst oder unbewusst in einer Vielzahl von Manifestationen, die als Kulturträger organisationale Sinngehalte sichtbar machen. Hierzu zählen etwa die Gestaltung der Arbeitsräume, das Corporate Design, die firmeneigene Sprache, zitierte Geschichten, Legenden & Mythen, gelebte Rituale, aber auch allerlei organisationsspezifische Wunderlichkeiten.

Artefakte

Ihr kennt das alle! Stell Dir vor, Du betrittst das erste Mal das Foyer eines Unternehmens. Du meldest Dich beim Empfang an und wartest darauf, dass Dich jemand vom Empfang abholt und zu Deinem Meeting bringt. In dieser Zeit gewinnst Du unmittelbar erste Eindrücke des Unternehmens. Wie ist der Eingangsbereich gestaltet? Welche Farbe haben die Wände? Ist die Architektur bzw. Einrichtung eher modern oder traditionell? Stehen Tischkicker herum, oder Wasserspender, oder hängen Schwarz-Weiß-Fotos der Unternehmensgründer an der Wand? All dies und vieles mehr nehmen wir unmittelbar wahr. Und all dies ist immer eine unmittelbare Manifestation der vorherrschenden Unternehmenskultur. Es gibt nichts Zufälliges in dem Arrangement. Hinter jedem Detail verbirgt sich eine Entscheidung, die irgendjemand irgendwann einmal getroffen hat inklusive der Entscheidung, alles beim Alten zu belassen. Dies alles sind kulturelle Artefakte, von Menschen geschaffene Objekte. Neben der Architektur und der Raumgestaltung vermittelt uns beispielsweise auch die Gestaltung der Kommunikationsmedien (Webauftritt, Anzeigen, Messestand, Angebote, Geschäftsbriefe, Gebrauchsanweisungen, …), der Dienstwagen des Abteilungsleiters, bis hin zu den Produkten bzw. erbrachten Dienstleistungen selbst immer einen unmittelbaren Eindruck der kulturellen Identität.

Sprache

Aber nicht nur kulturelle Artefakte können wir unmittelbar wahrnehmen. Darüber hinaus drückt sich die Unternehmenskultur immer auch durch die im Unternehmen kultivierte Sprache aus. Dies schließt auch die Körpersprache mit ein, wie etwa praktizierte Begrüßungsformen (nicken, Handschlag, Umarmung, Begrüßungsküsschen, wegschauen). Und Sprache ist überaus mächtig!!! Geht man höflich miteinander um oder eher ruppig? Ist die Stimmung von Humor geprägt, oder eher von Sarkasmus? Gibt es eine Duz- oder Siez-Kultur? Und welchen speziellen Wortschatz nutzen die Organisationsmitglieder? Nur wer die Sprache einer Organisation beherrscht, gehört dazu, alle anderen stehen außen vor. Dies gilt insbesondere auch für neue Mitarbeitende, die erst einmal die spezifische Sprache des Unternehmens lernen müssen, bevor sie als Mitglied der Organisation ernst genommen werden. Und obwohl sicherlich die Sprache innerhalb eines Unternehmens je nach Abteilung zum Teil beachtlich unterscheidet, gibt es immer auch einen spezifischen Sprachkodex, den alle Organisationsmitglieder über Abteilungsgrenzen hinweg miteinander teilen. Und diesen müssen wir verstehen, um die Kultur des Unternehmens zu verstehen.

Geschichten

Als weitere kulturprägende Manifestationen müssen wir uns bei der Analyse der Unternehmenskultur mit den auf den Fluren erzählten Geschichten beschäftigen. Jede wiederholt erzählte Geschichte stiftet Bedeutung und Stabilität. In besonderem Maße gilt dies für Legenden und Mythen, die von meist nicht überprüfbaren Heldentaten berichten, oder als Parabel getarnt Verhaltensnormen postulieren. Alle Geschichten haben dabei eine identitätsstiftende Wirkung, übrigens auch Gerüchte oder „Schauermärchen", indem sich der/die Erzählende und der/die Zuhörende wechselseitig ihre Identität bestätigen. Ein Beispiel: Es wird erzählt, dass in den Anfangsjahren von Google die neuen, von IBM abgeworbenen Marketingfachleute, in einer Vorstandssitzung ihr neues Marketingkonzept präsentierten. Am Ende der Präsentation wollten die Marketingexperten von Larry Page, einem der Google-Gründer, wissen, ob das Konzept so umgesetzt werden soll. Larry Page antwortete darauf, laut Legende, *„Wenn ich Ahnung von Marketing hätte, hätte ich Euch nicht eingekauft!"*. Keine Ahnung, ob die Geschichte so stimmt. Erzählt wurde sie uns von einem Google-Mitarbeiter, der daraus die Schlüsse zog, dass bei Google immer der entscheiden solle, der die meiste Ahnung hat.

Rituale

Ein besonderes Augenmerk müssen wir in diesem Kontext auch auf praktizierte formale und informelle **Rituale** richten. Als Rituale werden dabei Ereignisse bezeichnet, die wiederkehrend an einem bestimmten Ort, zu einer bestimmten Zeit, mit einem festen Ablauf und mit einer klaren Rollenverteilung stattfinden. In diesem Sinne kann auch die jährliche Weihnachtsfeier als Ritual bezeichnet werden. Dabei liegt der Bedeutungsgehalt von Ritualen nicht direkt in diesen selbst, sondern in der Resonanz, die bei den Teilnehmenden hervorgerufen wird. Viele von uns kennen Weihnachtsfeiern, die in kargen Kantinen, mit Glühwein und etwas Weihnachtsgebäck veranstaltet werden, bei denen der „Höhepunkt" eine Rede der Geschäftsleitung ist und bei denen sich die meisten Teilnehmenden überlegen, wann wohl der frühestmögliche Zeitpunkt ist zu verschwinden, ohne dass dies zu einem Tadel des/der Vorgesetzten führt. Weihnachtsfeiern können aber auch von den Mitarbeitenden herbeigesehnt werden, weil das Eventteam sich Jahr für Jahr etwas tolles Neues für die Mitarbeitenden ausdenkt und mit dem Event die Wertschätzung für die getane Arbeit im zurückliegenden Jahr angemessen gewürdigt wird. So oder so treten die Teilnehmenden mit dem Event in Resonanz. Dabei sprechen Rituale primär die Gefühle der

Teilnehmenden an und Gefühle bestimmen weit mehr das Verhalten, als dies der Verstand bzw. die Vernunft je tun könnten. Positiv aufgeladene Rituale erhalten dabei die Identität der Gruppe und können diese festigen. Sie geben den Teilnehmenden Orientierung und Sicherheit, schaffen Vertrauen, machen Veränderungen erträglicher und stiften Sinn. So wie etwa ein gut organisierter Abteilungsstammtisch, der den Teilnehmenden eine gewisse „Nestwärme" vermittelt und den „Stallgeruch" als „Insider" auffrischt. Negativ aufgeladene Rituale mindern demgegenüber den Zusammenhalt der Gruppe und schaden dem Betriebsklima, wie etwa das allmorgendlich stattfindende Lästern in der Kaffeeküche. Zwar kann dies auch identitätsstiftend für die Lästerer sein, ist von der Sache her aber immer destruktiv und grenzt gleichzeitig andere Mitarbeitende per se aus. Grundsätzlich ist es für uns als „Kulturforschende" zunächst einmal wichtig vorhandene Rituale zu identifizieren und deren Intention zu verstehen. Hieraus können wir unmittelbar Schlüsse auf die vorherrschende Unternehmenskultur ziehen. Darüber hinaus können wir auf der Grundlage der Analyseergebnisse bestehende Rituale modifizieren, positiver aufladen und ggf. neue sinnstiftende Rituale installieren.

2.2 Kernwerte: Für was wir stehen

Jede Organisation verfügt über die ihr eigenen Wertvorstellungen, die sie einzigartig bzw. unverwechselbar machen. In diesem Kontext kann man auch von der DNA einer Organisation sprechen. Dabei handelt es sich nicht explizit um moralische Vorstellungen. Vielmehr beschreiben die Kernwerte einer Organisation all das, wofür eine Organisation steht. Jede Organisation besitzt dabei ihre individuellen historisch gewachsenen Kernwerte, jedoch sind den wenigsten Unternehmen diese tatsächlich bewusst.

Unternehmenswerte sind seit geraumer Zeit ein viel diskutiertes Thema. So wurde etwa der Nachweis geführt, dass besonders erfolgreiche Unternehmen immer auch über ein vorwiegend positives Wertesystem verfügen. Oder dass positive Unternehmenswerte per se zu einer positiven finanziellen Performance führen. Wie aber die positiven Werte finden? So einfach ist es leider nicht! Dies liegt primär daran, dass man Werte nicht unmittelbar sehen, hören, schmecken, riechen oder fühlen kann. Sie existieren quasi nur in fluider unterschwelliger Form. Und genau hier fangen die Schwierigkeiten an. Viele Unternehmen sind sich ihrer eigenen Werte nämlich nicht wirklich bewusst. Und so kommt es allzu häufig vor, dass irgendwelche nach außen gerichtete Marketing-botschaften intern als Kernwerte der Organisation „verkauft" werden. Im besten Fall führt dies zu Kopfschütteln bei den Mitarbeitenden, im schlimmsten Fall zu Sarkasmus. Nach unserem Verständnis kann man sich seine Unternehmenswerte nicht aussuchen. Sie sind vielmehr historisch gewachsen und mittelfristig unumstößlich. Und sie dienen als energetischer Container für alle aktuellen Aktivitäten und zukünftigen Absichten der Organisation. Ob man dies will oder nicht! Dabei dürfen Unternehmenswerte nicht mit moralisch aufgeladenen Richtlinien verwechselt werden, die annehmbares Verhalten in der Organisation definieren. So kann etwa ein zentraler Unternehmenswert eines jungen Startups „Abenteuerlust" sein, was zunächst einmal keine direkten moralischen Implikationen hat.

Unter den vielen Werten, die in einer Organisation gelebt werden, sind die **Kernwerte** das Wertefundament des Unternehmens. Sie spannen als Orientierungsrahmen das Handlungsfeld bzw. den Ent-scheidungsraum für die Mitarbeitenden auf. Kulturmanagement hat nun die Aufgabe die Kernwerte einer Organisation zu identifizieren und explizit besprechbar zu machen. Denn nur wenn die Kernwerte besprechbar sind, können sie auch als Reflexionsfläche bewusst genutzt werden. Dabei müssen wir uns auf die Suche nach Wertvorstellungen machen

1. die bereits im Unternehmen lebendig sind,
2. die zukünftig weiterhin kultiviert werden sollen und
3. mit denen sich möglichst viele Mitarbeitende identifizieren können.

Hieraus wird klar, dass die Formulierung von Kernwerten kein Wunsch-konzert ist. Vielmehr suchen wir gezielt nach bereits gelebten positiven Wertvorstellungen und überprüfen, ob diese auch in Zukunft Bestand haben sollten. Darüber hinaus müssen wir klären, ob die identifizierten

Wertvorstellungen auch mit den individuellen Wertvorstellungen der Mitarbeitenden korrespondieren, da sie sonst nicht identitätsstiftend wirken. Fakt ist, dass Kernwerte in jedem Unternehmen ausnahmslos bereits vorhanden sind. Wir müssen nichts erfinden! Vielmehr machen wir uns auf die Suche nach dem „Guten" und versuchen genau dieses positiv zu verstärken.

2.3   Der gemeinsame Richtungssinn: Was uns antreibt

Kultur ist Handeln und Handeln braucht immer Richtung. So bewegt sich jede Organisation in eine bestimmte Richtung, nach der die Organisationsmitglieder ihre Aktivitäten ausrichten. Dabei geht es nicht um explizit formulierte Ziele, sondern vielmehr um einen gemeinsam empfundenen Richtungssinn, der dem Sosein der einzelnen Akteure Sinnhaftigkeit verleiht und einen Zwang zur Veränderung impliziert.

Der **gemeinsame Richtungssinn** ist eine Wortschöpfung von uns, die den Zweck einer Organisation beschreibt, aber gleichzeitig auch das, was eine Organisation zukünftig in die Welt bringen möchte. Entsprechend ist es quasi eine Synthese aus einem Mission-Statement (Zweck) und einer gemeinsam geteilten Vision (Zukunftsbild). Im Beratungsumfeld wird in diesem Kontext gerne auch vom sogenannten „Purpose" gesprochen, ein Begriff, der mitunter in einschlägigen sozialen Medien hoch emotionalisiert diskutiert wird. Die eine Seite dieses verbalen Scharmützels sieht den Purpose als moralisch aufgeladenen Erfolgsfaktor einer Organisation, nach dem Motto: nur wer Sinn stiftet, kann auch Wert schöpfen. Die andere Seite widerspricht dem vehement und postuliert, dass Organisationen per se keinen Sinn haben, sondern nur der Arbeit, die man verrichtet, Sinn verliehen werden kann.

Unsere Haltung in dem Disput ist wie folgt: Handlung braucht Richtung und die ist unseres Erachtens in jeder Organisation vorhanden. Denn:

Kein gemeinsamer Richtungssinn, keine Handlung, keine Entwicklung!

Nach diesem Verständnis betrachten wir die Ausformulierung eines gemeinsamen Richtungssinns als Ankerpunkt, der in stürmischen Zeiten den Mitarbeitenden Orientierung gibt, eine **zentrale Unternehmensgeschichte,** die beschreibt, wieso es sich trotz zum Teil widriger Umstände lohnt, tagtäglich sein möglichst Bestes zu geben. Und diese Geschichte muss auf Resonanz mit den „individuellen Sinnausrichtungen" der Organisationsmitglieder stoßen, und nicht auf moralisch aufgeladenen Ideologien basieren. So ist es fraglos auch legitim für sich einen Sinn darin zu sehen zum Bau der besten Kopfhörer der Welt beizutragen, leckere Brotausstriche zu kreieren oder Raketen ins Weltall zu schießen.

Resoniert der gemeinsame Richtungssinn mit den individuellen Sinnausrichtungen der Mitarbeitenden, wird bei diesen Energie für die gemeinsame Sache aktiviert. Und dies ist essenziell für den langfristigen Erfolg einer Organisation, denn die Vitalität von Organisationen entsteht aus der Vitalität von Menschen und nicht umgekehrt. Gelingt dies, hilft der gemeinsame Richtungssinn den Mitarbeitenden als Kollektiv über die Hürden in der Gegenwart zu springen, lieb gewonnene Gewohnheiten loszulassen, manches Ärgernis mit Fassung zu tragen und sich im Sinne eines gemeinsam geteilten Zukunftsbildes zu entwickeln. Entsprechend ist für Organisationen der gemeinsame Richtungssinn als große Klammer zu verstehen, die dem Einzelnen hilft, seinen eigenen Sinn darin zu suchen und die zugleich dazu beiträgt, die volle Power des Kollektivs zu entfesseln.

Aber wie kommt man nun als Unternehmen zu einem spezifischen gemeinsamen Richtungssinn? Dies geht unseres Erachtens nur durch den intensiven Austausch mit möglichst vielen Mitarbeitenden auf der Grundlage valide erhobener Kulturattribute (zur Erhebung valider Kulturattribute später mehr in Abschn. 3.3). Dabei leiten uns im Austausch mit den Mitarbeitenden primär die drei folgenden Fragen:

1. *Wofür brennen wir bzw. was tun wir mit Begeisterung?*
2. *Was können wir besser als andere?*
3. *Was wollen wir für wen in die Welt bringen?*

Die Kunst ist es dabei, die vielfältigen Antworten auf die drei Fragen zu synthetisieren, d. h. auf das wirklich Wesentliche zu reduzieren. Dabei variiert die Ausformulierung eines so erarbeiteten gemeinsamen Richtungssinns von Organisation zu Organisation erheblich. Dies liegt daran, wie bereits oben erörtert, dass jede Organisation ihre eigene Sprache spricht, d. h. über eine individuelle Ausdrucksweise verfügt, die immer auch Ausdruck der vorherrschenden Kultur ist. So unterscheidet sich beispielsweise die Diktion einer Werbeagentur signifikant von der eines mittelständischen Maschinenbauers, oder beispielsweise der eines IT-Unternehmens. Aber egal, welche Sprache jeweils gesprochen wird, wichtig ist, dass der gemeinsame Richtungssinn als Narrativ die Menschen erreicht und, vor allem, berührt. Und hierfür muss er einfach formuliert, emotional aufgeladen, authentisch und, vor allem, gut erzählt sein. Ein unseres Erachtens überaus überzeugendes Beispiel hierfür liefert uns der Apple-Gründer Steve Jobs mit seinem Statement *„We're here to put a dent in the universe. Otherwise why else even be here.".* Aber Vorsicht! Dies ist die Sprache von Steve Jobs bzw. Apple. Für ein Unternehmen aus der Verpackungsindustrie oder einen Produzenten von Lebensmitteln bräuchte es definitiv ein anderes Narrativ, um die kollektive Energie der Organisationsmitglieder zu aktivieren.

2.4 Arbeitsprinzipien: Wie wir zusammenarbeiten wollen

Arbeitsprinzipien beschreiben, wie Menschen miteinander arbeiten bzw. miteinander arbeiten wollen. Dabei werden Arbeitsprinzipien, anders als formale Regeln, immer unter den Organisationsmitgliedern ausgehandelt. Sie haben unmittelbaren Einfluss auf das Miteinander im Unternehmen.

Jedes Unternehmen verfügt über ein Set von **Arbeitsprinzipien,** das meist implizit das Miteinander bestimmt. Hierbei handelt es sich meist um informell ausgehandelte Normen, die den Mitarbeitenden in ihrem Denken und Handeln als Leitplanken des Verhaltens dienen. Prinzipien unterscheiden sich dabei fundamental von Regeln, die immer einen formalen Charakter haben und uns unmissverständlich mitteilen, was wir zu tun, oder zu lassen haben. So ist beispielsweise in den meisten Unternehmen im sogenannten „Code of Ethics" klar und streng geregelt, wie mit Geschenken von Lieferanten oder sonstigen Interessengruppen umzugehen ist. Da gibt es keinen Ermessensspielraum und Fehlverhalten wird entsprechend unmittelbar sanktioniert. Ganz anders bei Prinzipien, deren Wirksamkeit immer vom „Wohlwollen" jedes Einzelnen abhängt. Entsprechend sind Prinzipien immer nur dann verhaltensrelevant, wenn sie für den Anwendenden einen unmittelbaren Nutzen bieten. Ein Beispiel: In einem von uns begleiteten Innovationsteam galt das „ungeschriebene Gesetz", sich bei Schwierigkeiten bei der Durchführung wichtiger Projekte ohne Wenn und Aber gegenseitig zu unterstützen. Grundsätzlich ein sehr gutes Arbeitsprinzip, gab es doch allen Teammitgliedern ein Gefühl von Sicherheit und Schutz. Darüber hinaus stärkte das Prinzip den Gemeinschaftssinn der Truppe. Problematisch wurde das Prinzip jedoch immer dann, wenn unterschiedliche Prioritätenlisten miteinander kollidierten. Oder auch wenn neue Teammitglieder sich unwissentlich nicht „prinzipiengerecht" verhielten. Und da das Prinzip unausgesprochen, und damit nicht einforderbar war, sorgte es immer wieder für Verwerfungen unter den Teammitgliedern. Die Aufgabe des Kulturmanagements ist es nun gelebte Prinzipien aufzuspüren und gemeinsam mit den Mitarbeitenden zukünftig wünschenswerte Prinzipien herauszuarbeiten. Das gemeinsame Herausarbeiten von Arbeitsprinzipien hilft dabei dem Team gewünschte Verhaltensnormen zu kultivieren. Dabei besteht ein Set von Arbeitsprinzipien unserer Erfahrung nach idealtypisch aus fünf bis sieben Verhaltensnormen, die unterschiedliche Prämissen des Handelns unterstützen. Beispiele für solche Prämissen des Handelns sind etwa „Bilde Dich weiter" und „Unterstütze das Team". Und alle Prinzipien sind dabei gleichrangig relevant. So kann man beispielsweise, wenn man ein Weiterbildungsseminar besucht, nicht das

Team beim Feuer löschen unterstützen. Wären die Prinzipien unausgesprochen, würden auf beiden Seiten unerfüllte Erwartungen sehr wahrscheinlich zu Verdruss bzw. Ärger führen. Dadurch, dass die von den Mitarbeitenden gemeinsam erarbeiteten Arbeitsprinzipien explizit gemacht werden, ist im oben geschilderten Fall Weiterbildung sehr wohl ein triftiger Grund die Teammitglieder ab und an ihrem Schicksal zu überlassen. Denn irgendetwas brennt ja immer.

Auf der Suche nach gelebten bzw. wünschenswerten Arbeitsprinzipien können wir uns von folgender Fragestellung leiten lassen:

Wie wollen/müssen wir zusammenarbeiten, damit sich die im Team vorhandenen Potenziale möglichst optimal entfalten können?

Die Ausformulierung von Arbeitsprinzipien ist dabei immer individuell, d. h. spezifisch den gegebenen Bedingungen anzupassen. Es gibt folglich kein allgemein gültiges Prinzipienset, wie verschiedentlich reklamiert, das ungeprüft dem Team übergestülpt werden kann. Vielmehr entfalten gemeinsam herausgearbeitete Arbeitsprinzipien ihre Wirkung gerade dadurch, dass sie die täglich erfahrene Wirklichkeit der Mitarbeitenden widerspiegeln. Keiner weiß besser als die Mitarbeitenden selbst, wie die Zusammenarbeit zum Nutzen aller Teammitglieder optimiert werden kann. Man muss sie einfach nur fragen!

2.5 Veränderungsthemen: Was wir ändern wollen

Kulturmanagement bedeutet immer auch positive Veränderungen zu initiieren. Hierzu ist es erforderlich, die zentralen Stellhebel der Veränderung zu bestimmen und diese in entsprechende Projekte zu überführen.

Mit den **Veränderungsthemen** schließen wir die Klammer um die zuvor beschriebenen Kulturfragmente. Und genau an diesem Punkt beginnt die Magie eines professionellen Kulturmanagements. Kulturentwicklung, wie von uns postuliert, impliziert immer auch einen

Zwang zur Veränderung. Dabei gehen wir davon aus, dass es kein Unternehmen gibt, in dem alle vorhandenen Potenziale zur Entfaltung kommen. Es gibt immer etwas, was man zukünftig besser machen kann. Bei der Herausarbeitung der Veränderungsthemen greifen wir nun auf die zuvor analysierten Kulturfragmente zurück. Dabei orientieren wir uns an den folgenden Fragestellungen:

1. *Was müssen wir an unserem Erscheinungsbild ändern, um glaubwürdig zu sein?*
2. *Wie können wir unser Handeln noch stärker an unseren Kernwerten ausrichten?*
3. *Was braucht es, damit unser gemeinsamer Richtungssinn zum Erfolg führt?*
4. *Wie können wir unsere Arbeitsprinzipien zukünftig noch besser leben?*

Und genau hier wird deutlich, wie wichtig eine eingehende Analyse bzw. gewissenhafte Herausarbeitung der vorherigen Kulturfragmente ist. Denn ihre Qualität korrespondiert unmittelbar mit der Passgenauigkeit der identifizierten Veränderungsthemen. Stellhebel für die Veränderung findet man dabei in unterschiedlichsten Bereichen: bei der strategischen Ausrichtung, dem angebotenen Leistungsbündel, dem verfolgten Geschäftsmodell, den Prozessen und Strukturen, bei der Organisation und dem Führungsverhalten. In diesem Kontext ist Kulturmanagement existenziell für die positive Entwicklung des gesamten Unternehmens.

So, genug der Erklärungen und Definitionen. Das Thema ist gesetzt und der Kontext abgesteckt. Was nun folgt ist pure Praxis: Unser Management-Ansatz zur Entwicklung der Unternehmenskultur als Katalysator unternehmerischen Erfolgs! Schritt für Schritt, vernetzt und manchmal auch in Schleifen.

3

Den Schleier lüften

Man kann nicht wissen, was man will, solange man nicht weiß, wer man ist.

© Der/die Autor(en), exklusiv lizenziert an Springer Fachmedien Wiesbaden GmbH, ein Teil von Springer Nature 2023
T. Ginter und A. Romppel, *Hit the Culture Button: Unternehmenskultur erfolgreich entwickeln – Potentiale wirksam entfalten,*
https://doi.org/10.1007/978-3-658-42769-6_3

These

Ausgangspunkt eines nachhaltigen Kulturmanagements ist das Erkennen und Beschreiben der aktuellen kulturellen Besonderheiten des Unternehmens. Ohne Selbsterkenntnis bleibt Kulturentwicklung unbestimmt und ohne klare Richtung.

Hauptaussage
Um die kulturellen Besonderheiten eines Unternehmens zu erkennen bzw. zu verstehen, ist eine umfassende Kulturanalyse unumgänglich. Dabei werden unterschiedlichste Analysemethoden angewandt (Erkundung, Interviews, Online-Befragungen, Workshops). Die Verknüpfung der jeweiligen Analyseergebnisse erhöht die Gültigkeit und Zuverlässigkeit der Ergebnisse und vermittelt ein umfassendes Verständnis der vorherrschenden Unternehmenskultur.

Warum ist es wichtig?
Kultur ist komplex und komplexe Phänomene lassen sich nur durch eine eingehende Analyse erfassen, die möglichst viele Perspektiven berücksichtigt. Die Aufarbeitung der Analyseergebnisse als Leitbild des Unternehmens gibt den Mitarbeitenden Orientierung und hilft ihnen ihr Fühlen, Denken und Handeln an den Besonderheiten der Unternehmenskultur auszurichten.

Key Take Outs
Die Analyse der Unternehmenskultur ist vielschichtig und erfordert unterschiedlichste Methoden und Expertise. Wichtig ist, dass die Analyse nur zu einem tragfähigen Ergebnis führen kann, wenn möglichst viele Mitarbeitende in die Analyse mit einbezogen werden.

Was nun folgt, ist eine Prozessbeschreibung zum Freilegen der spezifischen Kultur eines Unternehmens. Wir stellen Dir im Folgenden einen von uns in der Praxis vielfach erprobten Prozess vor, der Kultur sichtbar und damit als Reflexionsfläche nutzbar macht. Wir zeigen Dir, wie man die Puzzleteile zusammensetzt.

Die Herausforderung, der sich jeder Kulturforschende bei der Durchführung einer **Kulturanalyse** stellen muss, liegt darin, dass Menschen nur sehr ungern darüber sprechen, was sie denken und ihre wahren Gefühle meist für sich behalten. Und doch kommen wir nicht umhin uns den verborgenen Gedanken und Gefühlen unserer Mitarbeitenden systematisch zu nähern. Das unmittelbar Sichtbare allein zeigt uns nur den äußeren Rahmen. Erst durch die Analyse des „innerlich Lebendigen" stoßen wir zum wesentlichen Kern der Unternehmenskultur vor.

Die Datenerhebung im Rahmen der Kulturanalyse obliegt **professionellen Data Scientists.** Ihre Aufgabe ist es, Daten systematisch zu erheben und diese themenspezifisch auszuwerten. Da Unternehmenskultur ein kollektives Phänomen ist, ist es dabei unerlässlich ein möglichst vollständiges Bild zu erfassen, das auf Überzeugungen möglichst vieler Organisationsteilnehmer basiert. Entsprechend sind zwingend Mitarbeitende aller Hierarchieebenen bzw. Abteilungen in die Analyse mit einzubeziehen. Hierbei ist besonders darauf zu achten, dass vor allem auch sogenannte „Multiplikatoren" Gehör finden. Multiplikatoren sind Personen, die aufgrund ihrer formalen und/oder informellen Stellung im Unternehmen als Vorbilder fungieren bzw. von vielen Mitarbeitenden bei der Meinungs- und Entscheidungsfindung als Referenz herangezogen werden.

Neben der reinen **Erkundung** (Abschn. 3.1) der unmittelbar sichtbaren Manifestationen der Unternehmenskultur (Sekundärmaterialien, Artefakte, Sprache, Geschichten, Rituale) nutzen wir als Vorgehensweise sowohl induktive als auch deduktive Verfahren. Im Rahmen der **induktiven Analyse** (Abschn. 3.2) beziehen wir ausgewählte Mitarbeitende in die Analyse mit ein und leiten aus den Einzelfall-Beschreibungen Hypothesen für allgemeine Gesetzmäßigkeiten ab. Diese werden dann ein weiteres Mal mit relevanten Entscheidungsträgern sowie ausgewählten Mitarbeitenden reflektiert und weiter spezifiziert. Komplettiert wird dieses Bild durch ein **deduktives Verfahren** (Abschn. 3.3), bei dem wir mithilfe eines von uns entwickelten Modells im Rahmen einer Online-Vollerhebung allen Mitarbeitenden die Möglichkeit geben, sich an dem Analyseprozess zu beteiligen, ihrem spezifischen Denken und Fühlen Ausdruck zu verleihen.

Nach der Datenerhebung und Auswertung übernehmen möglichst erfahrene **Workshop Facilitators** den Prozess. Deren Aufgabe besteht primär darin, alle gewonnenen Daten mit ausgewählten Mitarbeitenden zu reflektieren und im Hinblick auf die Ausformulierung der Kernwerte, des gemeinsamen Richtungssinns, der Arbeitsprinzipien und der Veränderungsthemen zu konkretisieren. Wir haben dabei sehr gute Erfahrungen mit **Design-Thinking-Formaten** (Abschn. 3.4) gemacht, die in besonderem Maße dazu geeignet sind, die Intelligenz des Kollektivs zur Ausarbeitung der Kulturfragmente zu aktivieren.

Abb. 3.1 Prozess Kulturanalyse

Die Workshop-Ergebnisse wiederum sind die Grundlage für die finale **Ausformulierung bzw. Gestaltung der Kulturfragmente** (Abschn. 3.5). Erst durch die Ausformulierung und mediale Aufarbeitung werden die Kulturfragmente besprechbar und damit nutzbar zur Reflexion. Auch dieser Prozessschritt sollte unbedingt internen und/oder externen Profis überantwortet werden, **kreativen Köpfen**, die von Beginn an den Prozess begleitet haben. Nur so kann bei der Ausformulierung der Kulturfragmente der „richtige Ton" getroffen bzw. durch Bilder, Videos, Events, Incentives, usw. das erzählte Narrativ für alle Mitarbeitenden unmittelbar erlebbar gemacht werden.

Der Gesamtprozess der Kulturanalyse (siehe: Abb. 3.1) wird flankiert durch ein **Projektteam**, das die Prozesssteuerung übernimmt und durch einen **Lenkungskreis** (Abschn. 3.6), dessen Aufgabe primär darin besteht, bei der Initiierung und Umsetzung der einzelnen Prozessschritte **den Weg frei zu räumen.**

Wir werden uns im Folgenden die einzelnen Prozessschritte genauer ansehen und Dir dabei eine Fülle praktischer Tipps und Methoden an die Hand geben, die sich bei unserer Arbeit mit Praxispartnern in besonderer Weise bewährt haben.

3.1   Erkundung: Das Offensichtliche erfassen

Die Analyse der Unternehmenskultur beginnt unabdingbar mit einer ausgiebigen Erkundungstour durch das zu analysierende Unternehmen. Im Rahmen der Erkundung werden möglichst alle unmittelbar sichtbaren Manifestationen der Unternehmenskultur erfasst und einer kulturbezogenen Interpretation unterzogen. Uns ist vollkommen bewusst, dass die Interpretation der dabei untersuchten

Kulturausprägungen immer subjektiv und anfällig für Verzerrungen ist. Um sicherzustellen, dass die Erkundung dennoch zuverlässige und gültige Ergebnisse liefert, sollte sie anhand von **Checklisten** (siehe: Abb. 3.2) systematisiert und, wenn möglich, im Team durchgeführt werden. Beim Abarbeiten der Checklisten werden zunächst alle Auffälligkeiten, die einen Rückschluss auf die Unternehmenskultur zulassen, dokumentiert und dann gemeinsam vom Erkundungsteam hinsichtlich deren kulturbezogenen Aussagekraft und -richtung interpretiert. Dabei geht es mitnichten darum, bereits hier eine finale Beurteilung der vorherrschenden Unternehmenskultur vorzunehmen. Vielmehr ist die Erkundung ein erster Schritt, um sich der aktuellen Kultur über die Erfassung ihrer sichtbaren Manifestationen zu nähern. Was alles auf die Checkliste gehört bzw. welche Manifestationen bei der Erkundung zu analysieren sind, schauen wir uns im Folgenden genauer an.

Medien-Analyse

Startpunkt der Erkundung der Manifestationen der Unternehmenskultur ist eine eingehende Analyse der Website. Die Website ist das Aushängeschild des Unternehmens und vermittelt uns eine Fülle von Daten für unsere Analyse: *Wie ist das Design der Website? // Wie ist die Startseite gestaltet? // Wie ist die Website untergliedert? // Wie werden welche Informationen vermittelt? // Was sagt das Unternehmen auf der Website über sich selbst aus?* Aber Vorsicht! Dabei geht es uns nicht um die Performance der Website, sondern um das, was durch die Website hinsichtlich der Kultur implizit zum Ausdruck gebracht wird. Ist die Performance allerdings miserabel, sagt dies natürlich auch etwas über die vorherrschende Kultur aus.

Neben der Website sind im Rahmen der Medien-Analyse darüber hinaus sämtliche weitere visuelle bzw. audiovisuelle Medien der internen und externen Unternehmenskommunikation zu analysieren. Hierzu zählen niedergeschriebene Unternehmenshistorien, Leitbilder, Werte, Verhaltenskodizes, Führungsleitsätze, Geschäftsberichte, das Organigramm, Strategiepapiere, Funktionsbeschreibungen, das Intranet, Social-Media-Auftritte, Image- bzw. Werbefilme, Messeauftritte sowie sämtliche weitere Marketing- bzw. PR-Maßnahmen des Unternehmens.

OBJEKTE

- Produkte
- Services
- Prozesse
- Kunstwerke
- Ausstattung

DOKUMENTIERTE
VERHALTENSRICHTLINIEN

- Niedergeschriebene Unternehmenshistorien
- Leitbilder
- Werte
- Verhaltenskodizes
- Führungsleitsätze
- Geschäftsberichte
- Organigram
- Strategiepapiere
- Funktionsbeschreibungen

MEDIEN

- Website
- Intranet
- Social Media Auftritte
- Image- bzw. Werbefilme
- Messeauftritte
- Marketing- bzw. PR-Maßnahmen

RÄUMLICHKEITEN

- Empfang
- Büroräume
- Produktion
- Lagerräume
- Labore
- Konferenz- bzw. Besprechungsräume
- Schulungsräume
- Kantinen bzw. Cafeterias
- Gemeinschaftsräume
- Sanitärräume
- Ruhe und/oder Fitnessräume

UMGANG

- Kommunikation
- Zusammenarbeit
- Rituale
- Sprache
- Geschichten

Abb. 3.2 Checkliste Erkundungstour

Bei der Analyse der Medien geht es primär darum herauszuarbeiten, was für ein Bild das Unternehmen durch seine Kommunikation nach Innen und Außen abgibt. Entsprechend ist es für die Beurteilung bzw. Interpretation der Medien wichtig, nicht die Brille des Senders, sondern die des Empfängers aufzuziehen. Dabei ist es völlig ausreichend, spontane Assoziationen zu den einzelnen Medien zu erfassen und diese dann in einer Gesamtschau im Hinblick auf gegebene Übereinstimmungen zu gruppieren.

Analyse der Räumlichkeiten

Die Räumlichkeiten eines Unternehmens sind nicht nur Ausdruck der Unternehmenskultur, sondern prägen diese unmittelbar in jedem Augenblick. Aufgrund dieses reziproken Verhältnisses lohnt es, sich die Räumlichkeiten im Rahmen der Erkundungstour genauer anzuschauen. Zu den zu inspizierenden Räumlichkeiten zählen der Empfang, Büroräume, die Produktion, Lagerräume, Labore, Konferenz- bzw. Besprechungsräume, Schulungsräume, Kantinen bzw. Cafeterias, Gemeinschaftsräume, Sanitärräume sowie ggf. Ruhe und/oder Fitnessräume. Zur Beurteilung der Räumlichkeiten ist es hilfreich, die Folgenden Aspekte zu berücksichtigen:

Funktion: *Wie gut erfüllen die Räumlichkeiten ihren Nutzen? // Wie groß sind sie? // Sind die Proportionen der Räume angemessen im Hinblick auf deren Nutzung? // Sind die Räume flexibel und anpassungsfähig an sich ändernde Anforderungen?*

Ergonomie: *Wie viel Tageslicht fällt in die Räumlichkeiten? // Gibt es ausreichende künstliche Beleuchtung? // Sind die Lichtquellen so positioniert, dass sie die Nutzer nicht blenden oder stören? // Welche Ausstattung gibt es in den Räumen? // Sind alle notwendigen Möbel und Geräte bzw. Maschinen vorhanden? // Wie ist die Akustik in den Räumen? // Kann man sich in den Räumen gut unterhalten oder konzentrieren, ohne durch Lärm gestört zu werden? // Wie ist die Raumtemperatur?*

Ästhetik: *Sind die Räumlichkeiten ansprechend gestaltet? // Ist das Zusammenspiel von Formen, Farben und Materialien harmonisch? // Fühlt man sich wohl und entspannt in den Räumen? // Laden sie zur Interaktion ein? // Sind die Räume mit Bildern, Kunst und/oder Pflanzen dekoriert? // Machen die Räume einen gepflegten Eindruck?*

Wie auch bei der Medien-Analyse, geht es bei der Analyse der Räumlichkeiten primär darum, dem subjektiven Empfinden bei deren Begehung Ausdruck zu verleihen. *Was sagen uns die Räumlichkeiten? // Für was stehen sie? // Welche Werte werden durch die Räume repräsentiert?* Fragen, die uns helfen, deren kulturspezifische Ausprägungen in Worte zu fassen.

Eine Sonderrolle bei der Analyse der Räumlichkeiten nimmt im Zuge der zunehmenden Digitalisierung der Arbeit das Home Office ein. Zwar können wir uns dieses nicht unmittelbar anschauen. Was wir jedoch tun können, ist zu erkunden, wie das Unternehmen Mitarbeitende im Home Office ausstattet bzw. unterstützt. Auch dies ist ein Ausdruck der vorherrschenden Unternehmenskultur.

Analyse des Miteinanders

Die Erkundung des Miteinanders kann prinzipiell immer und überall erfolgen, sobald man einen Fuß in ein Unternehmen setzt. Angefangen beim Empfang, über die Teilnahme an Meetings und Projekten bis hin zum gemeinsamen Essen in der Kantine.

Im Zentrum der Erkundung steht hier zunächst einmal die Analyse der direkten **Kommunikation** der Mitarbeitenden untereinander sowie zwischen Vorgesetzten und ihren Mitarbeitenden. *Ist der Austausch offen und respektvoll? // Lacht man miteinander oder übereinander? // Stimmt das Gesagte und das nonverbale Verhalten überein? // Fühlen sich die Mitarbeitenden frei ihre Gedanken, Meinungen und Ideen zu äußern, ohne Angst vor Kritik bzw. Ablehnung zu haben?*

Ein weiterer Indikator für das Miteinander ist die Art und Weise, wie im Unternehmen **Zusammenarbeit** praktiziert wird. *Unterstützen sich die Mitarbeitenden gegenseitig? // Funktioniert die gegenseitige Unterstützung auch über Bereichsgrenzen hinweg? // Ist die Zusammenarbeit geprägt von Wertschätzung füreinander? // Loben sich die Mitarbeitenden gegenseitig für ihren geleisteten Beitrag? // Wie funktioniert die*

Zusammenarbeit zwischen den Vorgesetzten und ihren Mitarbeitenden? // Wie wird mit Konflikten umgegangen? // Werden Erfolge gemeinsam gefeiert?

Ein weiterer wichtiger Indikator zur Erkundung des Miteinanders in Unternehmen ist die Analyse der formal und informell praktizierten **Rituale.** Bei der Untersuchung der Rituale leiten uns dabei folgende Fragen: *Welche zentralen Rituale gibt es bzw. werden aktuell in unserem Unternehmen genutzt? // Welcher Zweck wird mit den Ritualen verfolgt? // Was ist „der gute Grund" dafür, dass die Rituale ins Leben gerufen wurden bzw. aus sich selbst heraus entstanden sind? // Wie sind die erfassten Rituale aktuell konkret ausgestaltet?*

Dabei ist es wichtig, neben positiven Ritualen, unbedingt auch vorhandene negative Rituale zu erfassen. Denn auch diese haben einen guten Grund, der Rückschlüsse auf die Kultur des Unternehmens zulässt.

Die aufgearbeiteten Ergebnisse der Erkundung bilden die Grundlage für die hierauf durchzuführenden Interviews. Sie helfen uns Beobachtungen bzw. vorgenommene Interpretationen zu überprüfen, die richtigen Fragen zu stellen, aber auch ggf. den Finger in die Wunde zu legen. Aber vor allem geht es bei den Interviews darum, den Sprachkodex des Unternehmens zu entschlüsseln.

3.2 Interviews: Sprachmuster erkennen

Während bei der Erkundung der Manifestationen das Offensichtliche erfasst und im Hinblick auf die Unternehmenskultur interpretiert wurde, werden anhand der Interviews Informationen über individuelle Meinungen, Bedürfnisse, Einstellungen, Wertvorstellungen, Erfahrungen und Wünsche der Mitarbeitenden im Hinblick auf die wahrgenommene Unternehmenskultur bzw. das Miteinander im Unternehmen eingesammelt. Parallel hierzu werden im Rahmen der Interviews immer auch die spezifischen Sprachmuster der Interviewten analysiert. Entsprechend ist es wichtig, sich genaue Notizen über auffällige Begriffe, Ausdrücke bzw. Phrasen zu machen, die von den Interviewten zur Beschreibung des Unternehmens bzw. der Unternehmenskultur verwendet werden. Darüber hinaus machen wir uns im Rahmen der Interviews auch auf die Suche nach Anekdoten, Legenden und Mythen, die im Unternehmen lebendig sind.

Auswahl der Teilnehmenden

An dieser Stelle treten wir im Rahmen der Kulturanalyse zum ersten Mal in den direkten Austausch mit den Mitgliedern des Unternehmens. Dabei stellt sich natürlich die Frage, welche bzw. wie viele Mitarbeitende interviewt werden sollten, um ein nutzbares Ergebnis zu erhalten. Grundsätzlich ist darauf zu achten, dass für die Interviews eine möglichst repräsentative Stichprobe der Mitarbeitenden aus verschiedenen Ebenen, Abteilungen und Funktionen des Unternehmens ausgewählt wird. Darüber hinaus ist darauf zu achten, dass die Interviewten auch im Hinblick auf Geschlecht und Betriebszugehörigkeit möglichst die Gesamtheit der Mitarbeitenden repräsentieren. Wenn möglich sollten mit Beginn der Interviews auf jeden Fall auch formale und informelle Multiplikatoren in die Analyse eingebunden werden. Dabei ist es völlig unerheblich, ob diese im Unternehmen eher eine konstruktive oder destruktive Rolle spielen. Je mehr unterschiedliche Perspektiven, desto besser. Und es ist immer von Vorteil, mögliche Opponenten des Prozesses im Auge zu haben. Schließlich ist es wichtig, frühzeitig die Betriebsräte, die Gleichstellungs- sowie Datenschutzbeauftragten aktiv in den Prozess einzubinden, da ohne deren Unterstützung die Durchführung der Kulturanalyse auf erhebliche Barrieren stößt.

Bezüglich der erforderlichen Anzahl der Interviews ist die Größe des untersuchten Unternehmens ausschlaggebend. Je größer das Unternehmen ist, desto mehr Interviews sollten durchgeführt werden. Da der Charakter der Interviews jedoch qualitativ ist, das heißt die gestellten Fragen offen gestellt werden und den Interviewten die Möglichkeit gegeben wird, ausführlich und flexibel auf die Fragen zu antworten, brauchen wir an dieser Stelle keine statistisch valide Repräsentativität. Viel wichtiger, als die Anzahl der Interviews ist es, dass alle relevanten Gruppierungen der Mitarbeitenden in der Stichprobe angemessen vertreten sind. Bei kleineren Unternehmen reichen da oft bereits 20 Interviews, im größeren Mittelstand zwischen 30 und 50 Interviews, in

Konzernstrukturen können es dann schon mal mehrere 100 Interviews werden, um alle Gruppierungen des Unternehmens angemessen zu berücksichtigen.

Die konkrete Ansprache der ausgewählten Interviewpartner:innen bzw. die Bitte sich für ein Interview zur Verfügung zu stellen, sollte möglichst von der Geschäftsleitung oder den direkten Vorgesetzten ausgesprochen werden. Erfahrungsgemäß sind die angesprochenen Mitarbeitenden gerne bereit an den Interviews teilzunehmen. Natürlich sollte auf Mitarbeitende, die partout kein Interview führen wollen, kein Zwang ausgeübt werden. Gegebenenfalls muss für Mitarbeitende, die ein Interview ablehnen, ein repräsentativer Ersatz gefunden werden.

Erstellung des Gesprächsleitfaden

Um sicherzustellen, dass in allen Interviews die gleichen Themen adressiert werden und die Gespräche in einer geordneten und organisierten Weise verlaufen, sollte für die Interviews ein strukturierter Gesprächsleitfaden genutzt werden. Entsprechend der Zielsetzung der Interviews kulturspezifische Wahrnehmungen, Wünsche, Sprachmuster und Unternehmensgeschichten zu eruieren, ist der von uns in Praxisprojekten genutzte Gesprächsleitfaden in der Regel wie folgt strukturiert:

Intro: Zu Beginn des Interviews geben wir den Befragten die Möglichkeit erst einmal im Interview anzukommen. Hierzu nutzen wir für gewöhnlich leicht zu beantwortende Fragen zur Funktion, der Betriebszugehörigkeit oder Ähnliches.

Beispielfragen: *Wie lange bist Du schon hier beschäftigt und was hat Dich ursprünglich dazu veranlasst Dich gerade hier um einen Job zu bewerben? // Auf was freust Du Dich besonders, wenn Du am Montag Deine Arbeitswoche startest? // Wie attraktiv empfindest Du das Unternehmen als Deinen Arbeitgeber?*

Kernwerte: Der zweite Fragenblock dient der Identifikation der grundlegenden Werte des Unternehmens. Dabei nutzen wir sehr gerne assoziative Fragen, die es den Befragten ermöglichen, sich spielerisch dem Thema zu nähern. In diesem Teil des Interviews fragen wir auch gezielt nach spezifischen Begriffen, die aus Sicht der Befragten zur Beschreibung der Kultur des Unternehmens in besonderer Weise geeignet sind.

Beispielfragen: *Bitte denke einmal ganz allgemein an das Unternehmen, was fällt Dir ganz spontan zu diesem ein? // Stell Dir vor, Du bist ein Adler und fliegst über das Unternehmen. Was kannst Du „von oben" sehen? // Mit welchen drei Begriffen lässt sich Deines Erachtens das Unternehmen am besten beschreiben?*

Richtungssinn: Hier wollen wir herausfinden, welchen Sinn und Zweck die Befragten in ihrer Arbeit sehen und welches Zukunftsbild sie bewegt. Im Vordergrund steht dabei die Identifikation des vitalen Antriebs der Befragten.

Beispielfragen: *Was an Deinem Job bringt dich dazu, morgens voller Energie aus dem Bett zu springen? // Woraus ziehst Du positive Energie für Deine Arbeit? // Wo siehst Du das Unternehmen idealtypisch in fünf Jahren? Welche Entwicklung würde Dich begeistern?*

Arbeitsprinzipien: Dieser Fragenblock dient der Klärung, wie die Befragten aktuell zusammenarbeiten bzw. zukünftig zusammenarbeiten wollen. Hier machen wir uns auf die Suche nach implizit gelebten Prinzipien bzw. gewünschten Verhaltensweisen.

Beispielfragen: *Stell Dir vor, Du triffst einen neuen Arbeitskollegen in der Kaffeeküche. Dieser möchte von Dir wissen, wie er sich verhalten sollte, um sich möglichst schnell in den Kreis der Kollegen bzw. Kolleginnen zu integrieren. Was würdest Du ihm antworten? // Wenn eine neue Kollegin bzw. ein neuer Kollege in Dein Team kommt, welche Eigenschaften sollte er/ sie auf jeden Fall mitbringen? Und welche Eigenschaften auf keinen Fall? // Wie bewältigt Ihr im Team Hindernisse und wie geht Ihr mit Konflikten um?*

Veränderungsthemen: In jedem Unternehmen gibt es Potenziale, die nicht zur Entfaltung kommen; Dinge, die verbessert werden können (Strukturen, Prozesse, Projekte, Leistungen, das Miteinander, …). In diesem Fragenblock machen wir uns auf die Suche nach zentralen Veränderungsthemen, deren Umsetzung das Unternehmen voranbringen, erfolgreicher bzw. lebenswerter machen.

Beispielfragen: *Angenommen Du hättest im Hinblick auf das Unternehmen drei Wünsche frei, was würdest Du Dir wünschen? // Wenn Du für einen Tag alleiniger Chef des Unternehmens wärst, was würdest Du (als erstes) ändern? // Was muss getan werden, damit Du und Deine Kolleg:innen ihre Stärken noch besser in das Unternehmen einbringen können?*

Anekdoten: Jede Gemeinschaft lebt von Geschichten, die den Menschen Bedeutung und Stabilität verleihen. Oft findet man diese Geschichten in der Unternehmenshistorie. Aber auch aktuelle „Heldentaten" werden in Geschichten konserviert bzw. weitergegeben.

Beispielfragen: *Weißt Du, wer das Unternehmen gegründet hat und was diese Person in besonderem Maße auszeichnet bzw. ausgezeichnet hat? // Kannst Du mir eine Geschichte bzw. eine Anekdote aus Deinem Arbeitsalltag erzählen, die Deines Erachtens typisch für das Unternehmen ist? // Gibt es im Unternehmen bzw. in der Unternehmensgeschichte Menschen, die als legendär, heldenhaft oder als besonders inspirierend gelten?*

Outro: Um sicher zu gehen, dass nichts Wesentliches unausgesprochen geblieben ist, schaffen wir abschließend für die Befragten die Möglichkeit, ihre bisherigen Einschätzungen bzw. Äußerungen noch einmal zu ergänzen.

Beispielfragen: *Zusammenfassend, fallen Dir noch weitere Aspekte ein, die von Bedeutung für das zukünftige Miteinander im Unternehmen sind? // Gibt es noch etwas, was wir bei unserer Kulturanalyse unbedingt beachten sollten? // Gibt es noch etwas, was Du uns für unser Kulturprojekt mit auf den Weg geben möchtest?*

Terminierung der Interviews

Die Interviewtermine sollten so angesetzt werden, dass sie für die Befragten möglichst problemlos wahrzunehmen sind. Unserer Erfahrung nach sind Termine am frühen Nachmittag besonders geeignet; dringliche Aufgaben konnten bereits am Vormittag angegangen werden und die Zeit nach der Mittagspause wird von vielen Mitarbeitenden traditionell zu einem kleinen Plausch genutzt. So können wir uns den Gewohnheiten der Mitarbeitenden anpassen. Dies geht natürlich nicht, wenn eine größere Anzahl von Interviews in einem möglichst kurzen Zeitraum durchgeführt werden soll. Hier kann die Terminierung über Doodle, oder einem ähnlichen Tool, organisiert werden, wobei die ausgewählten Interviewpartner:innen sich einen für sich passenden Termin aus einer vorgegebenen Terminliste flexibel auswählen können. Schlechte Erfahrungen haben wir mit Interviewterminen am späten Freitagnachmittag gemacht, da hier die Woche gelaufen ist und die Konzentration der Befragten oft sehr unter dem Wunsch ins Wochenende zu gehen leidet.

Durchführung der Interviews

Zur Durchführung der Interviews sollten Menschen eingesetzt werden, die es den Befragten möglichst leicht machen, sich zu öffnen und in der Lage sind, eine positive wohlwollende Atmosphäre zu schaffen. In größeren Unternehmen können solche Menschen sicherlich in den eigenen Reihen gefunden werden. Bei kleineren Unternehmen bietet es sich an, hier auf externe Unterstützung zurückzugreifen. Externe Interviewer haben immer auch den Vorteil von außen einen unvoreingenommenen Blick zu haben und die Befragten können sicher sein, dass ihre Antworten nicht im Flurfunk landen. Sehr gute Erfahrungen haben wir mit dem Einsatz von Studierenden gemacht, die durch ihre Jugendlichkeit den Befragten nicht das Gefühl von Autorität bzw. Überlegenheit vermitteln. Auf jeden Fall müssen die eingesetzten Interviewer:innen generell vor den Interviews hinsichtlich der Durchführung und Aufzeichnung der Interviews instruiert werden. Neben den inhaltlichen Aspekten ist es vor allem wichtig, auf die Zwischentöne sowie wiederholt genutzte Phrasen und Begriffe zu achten und diese gesondert zu notieren. Grundsätzlich sollte das Interview als

Audiodatei aufgenommen werden. Vor der Aufzeichnung des Interviews ist natürlich die Zustimmung der Befragten einzuholen. Hilfreich ist es, hier zu Beginn des Interviews auf die Anonymität bei der Auswertung der Interviews hinzuweisen.

Auswertung der Interviews
Bei der Auswertung der Interviews werden die zentralen Aussagen pro Frage über alle Interviews hinweg gesammelt und hierauf in Gruppen geclustert. Entsprechend geht es bei der Analyse der Interviewergebnisse nicht um Vollständigkeit, sondern darum Muster zu identifizieren, die gemeinsam geteilte Wahrnehmungen der Befragten sowie gängige Sprachmuster widerspiegeln. Aus der Aufarbeitung und Dokumentation der Interviewergebnisse entsteht das erste offizielle Zwischenergebnis der Kulturanalyse, das dem Lenkungskreis (Abschn. 3.6) als zentralem Management- bzw. Kontrollgremium des Projekts präsentiert wird. Um die Wertigkeit des Vorhabens zu unterstreichen, sollte die Präsentation dabei sowohl inhaltlich als auch vom Erscheinungsbild her unbedingt maximal professionell gestaltet werden.

3.3   Online-Befragung: Kulturattribute messen

Die im Anschluss an die Interviews folgende Online-Befragung ist das Herz und leider auch der komplizierteste Teil der Kulturanalyse. Entsprechend müssen wir hier etwas tiefer einsteigen. Das können wir Dir leider nicht ersparen. Aber es lohnt sich! Hat man die Grundsystematik der Online-Befragung verstanden, ist es möglich die Unternehmenskultur überaus differenziert und tiefgreifend zu erfassen. **Dabei ersetzen wir das vage Bauchgefühl über Kultur durch empirische Validität!**
    Ziel der Befragung ist es, tatsächlich allen Mitarbeitenden des Unternehmens die Möglichkeit zu geben, sich in den Analyseprozess einzubringen; ehrlich, unbefangen und absichtslos. Neben Hinweisen auf die tatsächlichen Kernwerte und den Richtungssinn des Unternehmens ermitteln wir im Rahmen der Befragung auch die „kulturelle Vitalität" des Unternehmens. Dies ist ein von uns entwickelter Indikator, der

die energetischen Dispositionen des Unternehmens ermittelt und uns, ganz generell, aufzeigt, wie „gesund" die von uns untersuchte Kultur ist. Grundlage hierfür ist unser „Kulturattribute-Modell", das wir Euch zum besseren Verständnis in seinen Grundzügen kurz vorstellen.

Kulturattribute

Ausgangspunkt der Entwicklung unseres Modells war die Frage, welche kulturellen Attribute den Erfolg eines Unternehmens in besonderer Weise begünstigen. Als Ergebnis unserer Suche konnten wir 9 erfolgsrelevante Kulturattribute identifizieren (Robustheit // Ausdauer // Entschlossenheit // Pflichtgefühl // Integrität // Loyalität // Kreativität // Gemeinschaftssinn // Visionskraft), die sich 3 Kategorien zuordnen lassen (Leistungsebene // Beziehungsebene // Entwicklungsebene). Je stärker dabei die einzelnen Kulturattribute in einem Unternehmen ausgeprägt bzw. lebendig sind, desto vitaler ist auch dessen Kultur. Im Detail sieht das Ganze dann so aus (siehe: Abb. 3.3):

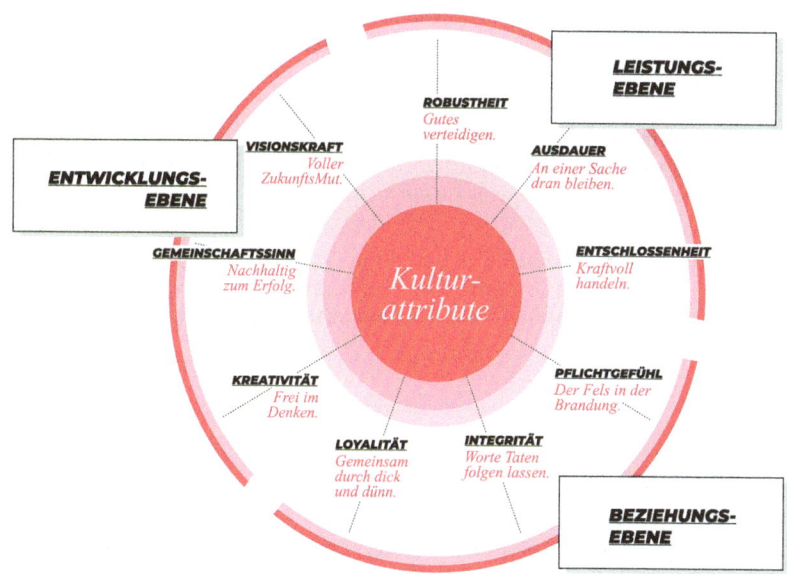

Abb. 3.3 Kulturattribute

LEISTUNGSEBENE

Robustheit: Gutes verteidigen
Robustheit bezieht sich auf die Fähigkeit des Unternehmens seine Funktionalität und Stabilität auch bei Unvorhersehbarkeiten bzw. in Stresssituationen aufrechtzuerhalten.

Ausdauer: An einer Sache dranbleiben
Ein Unternehmen ist ausdauernd, wenn es in der Lage ist, kurzfristige Rückschläge oder Schwierigkeiten zugunsten langfristig verfolgter Bestrebungen zu überwinden.

Entschlossenheit: Kraftvoll handeln
Als entschlossen gilt ein Unternehmen, wenn es energisch und konsequent getroffene Entscheidungen trotz auftretender Widerstände bzw. Hindernisse umsetzt.

BEZIEHUNGSEBENE

Pflichtgefühl: Der Fels in der Brandung
Ein Unternehmen gilt als pflichtbewusst, wenn die Mitarbeitenden ihren Verpflichtungen nachkommen bzw. diese gewissenhaft und zuverlässig erfüllen.

Integrität: Worten Taten folgen lassen
Integre Unternehmen sind verantwortungsvoll, ehrlich und transparent in ihrem Handeln und halten, was sie versprechen.

Loyalität: Gemeinsam durch dick und dünn
Loyalität zeigt sich in Unternehmen dadurch, dass die Mitarbeitenden auch in schwierigen Situationen zueinanderstehen und sich gegenseitig unterstützen.

ENTWICKLUNGSEBENE

Kreativität: Frei im Denken
Kreative Unternehmen sind in der Lage, über den Tellerrand zu schauen und haben den Mut, Konventionen zu brechen und immer wieder neue Wege einzuschlagen.

Gemeinschaftssinn: Nachhaltig zum Erfolg
Unternehmen mit einem ausgeprägten Gemeinschaftssinn verstehen sich als Teil eines größeren Ganzen und engagieren sich für die Steigerung des Gemeinwohls.

Visionskraft: Voller ZukunftsMut
Visionäre Unternehmen begreifen Herausforderungen als Chance, suchen und finden in diesen neue Geschäftsmöglichkeiten und setzen diese mutig um.

Die Anwendung des Modells im Rahmen der Kulturanalyse ist dabei ungemein ergiebig. Wir messen damit nicht nur die kulturelle Vitalität eines Unternehmens als Ganzes, sondern auch gesondert die spezifische Vitalität pro Kulturattribut. Dabei können wir aus der Analyse Rückschlüsse auf die energetische Disposition des Unternehmens ziehen, d. h. für welche Attribute die Mitarbeitenden ihre Energie vorrangig nutzen. Darüber hinaus verwenden wir die Messergebnisse als zentralen Anhaltspunkt zur Identifikation unserer Kernwerte sowie unseres gemeinsamen Richtungssinns. Voraussetzung für die Nutzung des Modells ist ein an dem Modell ausgerichtetes ausgefeiltes Fragen-Set.

Das Fragen-Set
Unser modellbasiertes Fragen-Set beruht auf 9 grundlegenden Annahmen:

Annahme 1: Jedem Kulturattribut können unterschiedliche „**Werte**" zugeordnet werden, die jeweils das Attribut repräsentieren (z. B. visionär -> Attribut „Visionskraft" // organisiert -> Attribut „Pflichtgefühl" // kompetent -> Attribut „Entschlossenheit").

Annahme 2: Jedem „**positiven Wert**" kann auch ein „**Zuviel des Guten**" zugeordnet werden, was die Diskrepanz zwischen „gewollt" und „tatsächlich gelebt" aufzeigt (z. B. visionär <-> abgehoben // organisiert <-> bürokratisch // kompetent <-> belehrend).

Annahme 3: Setzt man die Nennungen von „positiven Werten" mit Nennungen von Werten aus der Kategorie „Zuviel des Guten" gegenseitig ins Verhältnis, erlangt man Aufschluss über die „kulturelle Vitalität" des Unternehmens.

Annahme 4: Häufig gewählte Begriffe aus der Kategorie „Zuviel des Guten" geben Aufschluss über akute „**Schmerzpunkte**" des Unternehmens.

Annahme 5: „**Kernwerte**" kann man sich nicht aussuchen bzw. ausdenken, sondern sind immer bereits vorhanden, müssen zukünftig erwünscht und für die Mitarbeitenden persönlich relevant sein.

Annahme 6: Der „**Unternehmenszweck**" ist immer bereits vorhanden und für die Mitarbeitenden persönlich richtungsgebend.

Annahme 7: Ein „**vitalisierendes Zukunftsbild**" birgt immer den Zwang zur Veränderung in sich. Entsprechend ist es heute **noch nicht** vorhanden, aber zukünftig erwünscht und für die Mitarbeitenden persönlich inspirierend.

Annahme 8: Korrespondieren die persönlichen Wertvorstellungen der Mitarbeitenden mit denen des Unternehmens, entsteht ein „**Fit**", der als Basis des gemeinsamen Miteinanders dient.

Annahme 9: Der „**gemeinsame Richtungssinn**" setzt sich zusammen aus dem Unternehmenszweck, einem vitalisierenden Zukunftsbild sowie dem Fit zwischen den Wertvorstellungen des Unternehmens und denen der Mitarbeitenden.

Anhand dieser Grundannahmen konstruieren wir nun unser Fragen-Set. Hierfür greifen wir primär auf die Ergebnisse der zuvor durchgeführten Interviews zurück. Dabei filtern wir zunächst die während der Interviews von den Befragten genutzten wertebezogenen Begrifflichkeiten heraus und ordnen diese unseren 9 Kulturattributen zu. Damit alle Kulturattribute gleichwertig in der Untersuchung Berücksichtigung finden, ordnen wir dabei jedem Attribut genau 3 Werte und das jeweilige „Zuviel des Guten" zu. So ergeben sich insgesamt 27 Begriffspaare (je Kulturattribut 3 Begriffspaare), die wir den Mitarbeitenden zur Auswahl stellen.

Die Befragung besteht dabei aus 3 Runden mit den folgenden Fragen:

Runde 1: *Wie seht Ihr Euer Unternehmen aktuell?*

Runde 2: *Wie wünscht Ihr Euch Euer Unternehmen zukünftig?*
Runde 3: *Wie seht Ihr Euch selbst?*

In jeder Runde werden den Mitarbeitenden die gleichen ausgewählten Wortpaare zur Auswahl gestellt: Eher „positiv", oder eher „Zuviel des Guten". Aus der Auswahl entsteht dann pro Runde jeweils eine Liste von 27 ausgewählten Begriffen, aus der die Befragten dann die Top 10 Begriffe auswählen, die ihres Erachtens am besten die gestellte Frage beantworten.

Durchführung der Online-Befragung
Die Online-Befragung zur Messung der Kulturattribute bzw. der kulturellen Vitalität des Unternehmens ist prinzipiell als Vollerhebung angelegt, das heißt alle Mitarbeitenden sollten grundsätzlich die Möglichkeit haben, sich an der Befragung zu beteiligen. Wichtig ist, dass die Angaben der Teilnehmenden ausschließlich in anonymisierter Form in die Auswertung mit einfließen, sodass jeder Teilnehmende vollkommen frei in seiner Meinungsäußerung ist. Darüber hinaus ist natürlich darauf zu achten, dass alle wesentlichen Datenschutzgrundsätze erfüllt sein müssen. Um hier den administratorischen Aufwand so gering wie möglich zu halten, verzichten wir bei unseren Umfragen prinzipiell auf die Erfassung personenbezogener Daten. Vielmehr lassen wir allen an der Umfrage Beteiligten per E-Mail einen neutralen Link zukommen, über den die Mitarbeitenden anonymisiert Zugang zur Befragung erhalten.

Als Absender des Einladungsmails zur Umfrage sollte möglichst die Geschäftsleitung fungieren, um die Bedeutung bzw. Relevanz der Umfrage hervorzuheben. Das Anschreiben der Geschäftsleitung sollte dabei wie folgt aufgebaut sein:

1. Plausible Erläuterung, warum die Befragung durchgeführt wird und warum es wichtig ist, dass möglichst alle Mitarbeitenden daran teilnehmen.
2. Erklärungen, wie die Befragung abläuft bzw. wie das Befragungstool zu handhaben ist.
3. Link, der automatisiert direkt zur Befragung führt.

4. Angabe zum zeitlichen Rahmen der Befragung inkl. einer klaren Deadline.
5. Hinweis auf Technical Support (Telefonnummer, E-Mail-Adresse) für den Fall, dass Mitarbeitende bei ihrer Teilnahme auf technische Schwierigkeiten stoßen.
6. Hinweis, was mit den Ergebnissen der Umfrage geschieht (Next Steps).
7. Danksagung für die Teilnahme.
8. Signatur der Geschäftsleitung.

Der Zeitraum der Untersuchung sollte möglichst innerhalb einer Woche erfolgen. Zum einen bleibt den Teilnehmern so genug Zeit, um für sich einen möglichst passenden Zeitpunkt für die Teilnahme festzulegen. Zum anderen liegt die Deadline nicht in allzu weiter Ferne, was verhindert, dass die Teilnahme erstmal „bis auf weiteres" verschoben wird und dann ggf. im allgemeinen Alltagstrubel in Vergessenheit gerät. Nach Ablauf der Frist sollte zur Steigerung der Rücklaufquote eine Nachfass-Aktion erfolgen, in der in einem E-Mail mit leicht abgewandeltem Inhalt noch einmal an die Umfrage erinnert und die Verlängerung der Abgabefrist kommuniziert wird. Um die Dringlichkeit der Teilnahme hervorzuheben, sollte der Zeitraum für die Nachfass-Aktion möglichst kurzgehalten werden. 3–5 Tage sind hierfür ideal.

Auswertung der Umfrageergebnisse

Erfahrungsgemäß kann bei einer unternehmensinternen Online-Befragung mit einem **Rücklauf** von 20–50 % gerechnet werden. Ab 20 % kann man davon ausgehen, dass die Ergebnisse repräsentativ sind bzw. ein tragfähiges Meinungsbild widerspiegeln. Ein Rücklauf von unter 20 % lässt darauf schließen, dass es Probleme mit der Identifikation der befragten Mitarbeitenden mit dem Unternehmen gibt, oder aber der Erhebungszeitraum ungünstig gewählt wurde (z. B. in der Urlaubszeit). Fällt der Rücklauf unter 10 % wird es schwierig aus den Umfrageergebnissen allgemeingültig Schlussfolgerungen abzuleiten. Hier ist individuell zu entscheiden, ob eine weitere Nachfass-Aktion durchgeführt, der Rücklauf als impulsgebend akzeptiert, oder aber die Befragung zu einem späteren Zeitpunkt mit einer besseren Vorbereitung wiederholt wird. Meist reicht jedoch eine weitere Nachfass-Aktion inklusive einem inspirierenden Anschreiben, in dem die Wichtigkeit der Befragung eindringlich erläutert wird, um den Rücklauf noch einmal deutlich zu steigern. In all den Jahren, die wir mittlerweile mit unserem Befragungstool Kulturattribute von Unternehmen messen, musste von uns noch keine Umfrage aufgrund mangelnder Teilnahme eingestampft werden.

Inhaltlich liefern uns die Umfrageergebnisse verlässliche Indikatoren, mit deren Hilfe die kulturelle Vitalität des Unternehmens bestimmt werden kann. Darüber hinaus geben uns die Ergebnisse klare Hinweise auf die Kernwerte und den gemeinsamen Richtungssinn des Unternehmens.

Die **inhaltliche Auswertung** der Ergebnisse erfolgt in 4 Schritten:

Schritt 1: Entsprechend der oben postulierten Annahme 3 (*Setzt man die Nennungen von „positiven Werten" mit Nennungen von Werten aus der Kategorie „Zuviel des Guten" gegenseitig ins Verhältnis, erlangt man Aufschluss über die* **kulturelle Vitalität** *des Unternehmens.*) setzen wir bei der Auswertung der Ergebnisse zunächst die Anzahl der Nennungen der als positiv klassifizierten Begriffe zur Beschreibung der aktuellen Situation aus Runde 1 ins Verhältnis zu der Gesamtzahl aller Nennungen. Je nach Höhe der dadurch sich ergebenden Prozentzahl, können wir unmittelbar Rückschlüsse auf die kulturelle Vitalität des Unternehmens ziehen und daraus eine erste Diagnose ableiten (Abb. 3.4).

Schritt 2: Zur weiteren Ausdifferenzierung der Ergebnisse nutzen wir das gleiche Vorgehen, wie in Schritt 1, nun jedoch differenziert nach den oben beschriebenen 9 Kulturattributen. So können wir unmittelbar ermitteln, welche **Kulturattribute** im Unternehmen aktuell stark, mittel bzw. weniger stark ausgeprägt sind bzw. in welche Richtung die Energie der Mitarbeitenden primär fließt (siehe: Abb. 3.5). Die Ergebnisse beziehen sich dabei immer auf den unmittelbaren Status Quo, d. h. die aktuelle Situation.

Abb. 3.5 zeigt eine Messung, die wir für ein Startup durchgeführt haben. Das Startup hatte eine klare Vision, das Geschäftsmodell war

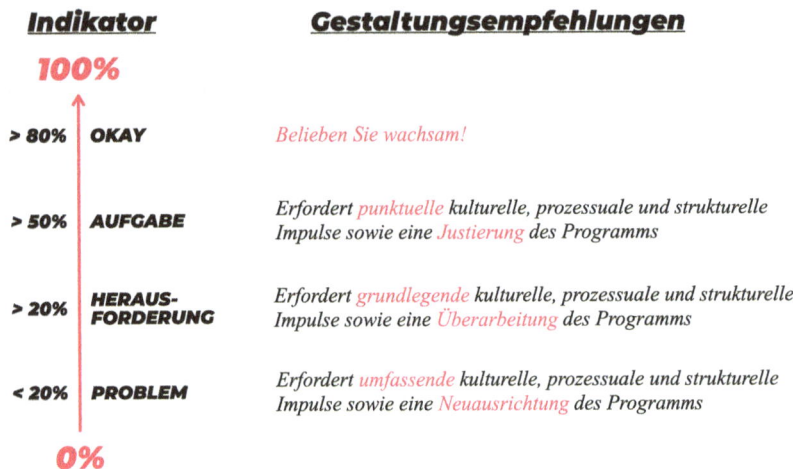

Abb. 3.4 Die kulturelle Vitalität von Unternehmen

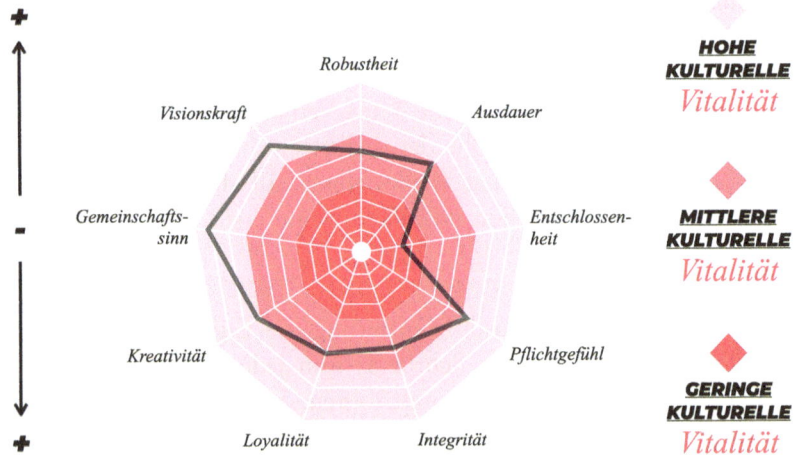

Abb. 3.5 Fallbeispiel: Ausprägung der kulturellen Vitalität pro Kulturvariable

nachhaltig und das Leistungsangebot innovativ. Aus der Analyse wurde aber auch ersichtlich, dass das Team noch nicht wirklich zusammengefunden hatte und es, vor allem, an der stringenten Umsetzung des eingeschlagenen Weges mangelte.

Schritt 3: Entsprechend unserer Annahme 4 *(Häufig gewählte Begriffe aus der Kategorie „Zuviel des Guten" geben Aufschluss über akute Schmerzpunkte des Unternehmens.)* priorisieren wir die Top 3–5 Werte aus der Kategorie „Zuviel des Guten", die zur Beschreibung der aktuellen Situation des Unternehmens am häufigsten gewählt wurden.

Schritt 4: auf der Suche nach den Kernwerten des Unternehmens beziehen wir uns auf Annahme 5 *(Kernwerte kann man sich nicht aussuchen bzw. ausdenken, sondern sind immer bereits vorhanden, müssen zukünftig erwünscht und für die Mitarbeitenden persönlich relevant sein.).* Entsprechend fokussieren wir uns bei der Identifikation der **Kernwerte** auf die als positiv klassifizierten Begriffe, die über alle drei Befragungs-Runden hinweg die besten Bewertungen bekommen haben. Für alle Data Scientists unter den Lesern: Zur Festlegung der Top-Nennungen berechnen wir jeweils das 75 %-Quantil. Wichtig an dieser Stelle ist der Hinweis, dass wir mit der Umfrage nicht die finalen Kernwerte des Unternehmens herausfiltern können. Die ermittelten Top-Begriffe dienen vielmehr als „Absprung" auf der Suche nach den Kernwerten, die im Rahmen von Workshops (Abschn. 3.4) erfolgt. In diesen wird herausgearbeitet, was konkret die Mitarbeitenden unter den identifizierten Begriffen verstehen, welche spezifische Bedeutung sie für das analysierte Unternehmen haben. Worte sind immer relativ!

Schritt 5: Der letzte Schritt der Auswertung dient dem Aufspüren des **gemeinsamen Richtungssinns** des Unternehmens. Entsprechend unserer Annahme 9 *(Der gemeinsame Richtungssinn setzt sich zusammen aus dem Unternehmenszweck, einem vitalisierenden Zukunftsbild sowie dem Fit zwischen den Wertvorstellungen des Unternehmens und denen der Mitarbeitenden.)* machen wir uns final auf die Suche nach den Top-Nennungen der als positiv klassifizierten Begriffe, die heute schon lebendig und zukünftig von den Mitarbeitenden gewünscht sind **(Unternehmenszweck),** die zukünftig gewünscht und den persönlichen Wertvorstellungen der Mitarbeitenden entsprechen, aber heute noch nicht gelebt werden **(Zukunftsbild)** und dem **Fit** zwischen den gelebten Wertvorstellungen des Unternehmens und den persönlichen

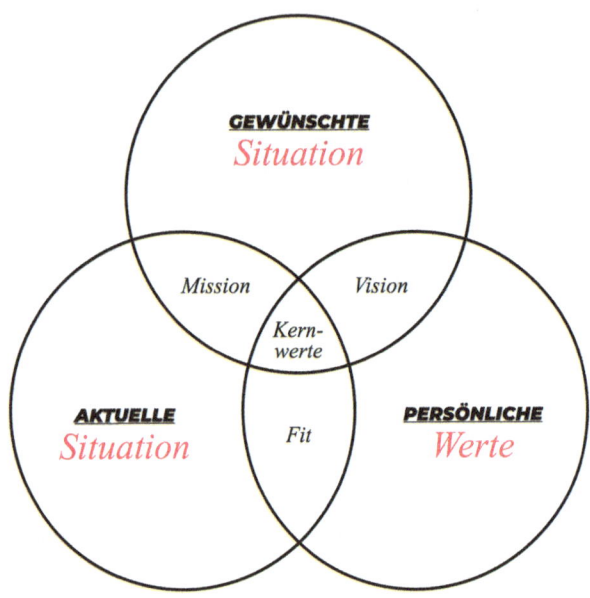

Abb. 3.6   Kernwert, Vision, Mission, Fit

Wertvorstellungen der Mitarbeitenden. Entsprechend der Ermittlung der Kernwerte berechnen wir zur Ermittlung der Top-Nennungen jeweils wieder das 75 %-Quantil.

Abb. 3.6 zeigt nochmal den Zusammenhang zwischen Kernwerten, Unternehmenszweck, Zukunftsbild und dem Fit.

3.4   Workshops: Hinter den Vorhang schauen

Ab diesem Punkt in unserer Kulturanalyse übernehmen die **Workshop-Facilitators** das Zepter. Ihre Aufgabe ist es, alle bisher in der Analyse gesammelten Eindrücke, Einschätzungen, Meinungen und Auswertungen mit ausgewählten Mitarbeitenden kritisch zu hinterfragen, zu interpretieren und sukzessive zu verdichten. Ziel der Workshops ist es, die im Unternehmen lebendigen zentralen Kulturmerkmale als Grundlage der Markierung (Abschn. 3.5) herauszuarbeiten.

Anzahl Workshops/Teilnehmende

Um im Rahmen der Workshops eine möglichst repräsentative Interpretation der vorab gesammelten Daten zu erhalten, sollten die Teilnehmenden, wie auch bei den zuvor durchgeführten Interviews, aus verschiedenen Ebenen, Abteilungen und Funktionen des Unternehmens stammen. Wie viele Workshops hierfür erforderlich sind, hängt dabei von der Anzahl der Teilnehmenden pro Workshop und, damit einhergehend, mit der Anzahl der zur Verfügung stehenden Workshop-Facilitators ab. Wir haben in den letzten Jahren Workshops mit bis zu 120 Teilnehmenden durchgeführt. Dabei gilt als Faustformel: pro 20 Teilnehmende braucht es jeweils mindestens einen Facilitator. Entsprechend sind bei einem Workshop mit 120 Teilnehmenden bei uns mindestens sechs Facilitators im Einsatz. Relativ leicht zu moderieren sind Workshops von 15–20 Teilnehmenden, wobei wir selbst immer mit mindestens zwei Facilitators am Start sind. Dies garantiert, dass die Gruppe über alle Arbeitsschritte hinweg eng begleitet werden kann.

Die erforderliche absolute Anzahl der Teilnehmenden hängt maßgeblich von der Größe des Unternehmens ab. Bei kleinen Unternehmen reicht oftmals eine Gruppe von 20 repräsentativ ausgewählten Teilnehmenden für die Interpretation der vorab gewonnenen Daten aus. Im Konzernumfeld sind hierfür gegebenenfalls schon mal mehrere 100 Teilnehmende erforderlich. Die Anzahl der Workshops bzw. der Teilnehmenden hängt dabei immer auch von den zur Verfügung stehenden zeitlichen und finanziellen Ressourcen ab. Je mehr Mitarbeitende in die Interpretation mit einbezogen werden sollen, desto mehr Workshops sind entsprechend durchzuführen und desto mehr Facilitator-Kapazitäten sind hierfür bereit zu stellen.

Workshop Framework

Das Framework unserer Wahl zur Durchführung der Workshops ist **Design Thinking.** Echtes Design Thinking! Es gibt unseres Erachtens kein besseres Vorgehen, um Zugriff auf die kollektive Intelligenz einer Gruppe zu erhalten. Da das Framework in zahlreichen Abhandlungen sowie in einer Fülle frei zugänglicher Video-Tutorials detailliert beschrieben wird, wollen wir im Folgenden unser Augenmerk auf einige

Besonderheiten bei der Durchführung von Workshops im Rahmen der Kulturanalyse richten.

Zunächst einmal ist es grundsätzlich wichtig zu verstehen, dass Design Thinking keine Methode, sondern ein holistisches Framework ist. Lasst uns hier einmal genauer hinschauen. Die besondere Qualität von Design Thinking besteht darin, dass wir durch das Zusammenspiel von **Raum, Prozess** und **Team** in der Lage sind, eine Atmosphäre zu schaffen, in der Gedanken zu fliegen beginnen bzw. sich die Gedanken Vieler synergetisch verknüpfen. Entsprechend müssen wir immer alle drei Komponenten des Frameworks im Auge behalten.

Bezüglich der **Räumlichkeiten** ist darauf zu achten, dass diese tatsächlich zum freien Denken bzw. Assoziieren einladen. Basis hierfür ist zunächst einmal, dass ausreichend Platz vorhanden ist, um sich jederzeit frei im Raum bewegen zu können. Für einen Workshop mit 20 Teilnehmenden braucht es hierfür ca. 100 Quadratmeter, nehmen dagegen 120 Mitarbeitende gleichzeitig an einem Workshop teil, benötigen wir hierfür fraglos eine Halle oder Ähnliches. Wir hatten vor einigen Jahren die Freude mit einem unserer Geschäftspartner einen Design Thinking Workshop mit ca. 100 Teilnehmenden in einer ehemaligen Kirche durchzuführen; die Atmosphäre der Location war grandios. Da während der Workshops die allermeiste Zeit im Stehen gearbeitet wird, sollten im Raum nur Tische vorhanden sein, die exklusiv für das Prototyping benötigt werden. Räume mit fest installierten Konferenztischen sind dementsprechend völlig ungeeignet. In hinreichend großen Räumen kann ggf. ein Bereich mit Stühlen, Sesseln, Hockern vorbereitet werden, in dem die Teilnehmenden die Möglichkeit haben, sich temporär zum Lauschen von Impulsvorträgen hinzusetzen. Ansonsten findet die Arbeit primär im Stehen vor Metaplan-Wänden statt, die in hinreichender Anzahl bereitzustellen sind. Für einen Kultur-Workshop mit ca. 20 Teilnehmenden braucht es ca. 15–20 Metaplan-Wände, die ggf. extern zu beschaffen sind. In Ergänzung zu den Metaplan-Wänden braucht es darüber hinaus eine hinreichend große Anzahl an Stehtischen, um den Teilnehmenden das Schreiben von Post-its zum Ausspeichern ihrer Gedanken zu erleichtern. Grundsätzlich sollte das genutzte Mobiliar komplett mobil sein. So können im Prozessverlauf immer wieder neue Arbeitssituationen im Raum kreiert werden. Und noch etwas: Zur Vorbereitung der Räumlichkeiten muss unbedingt hinreichend Zeit eingeplant werden. Bei kleineren Workshops braucht dies erfahrungsgemäß 2–3 h, bei großen Events mit 100 Teilnehmenden auch schon mal einen ganzen Tag.

Auch der **Design-Thinking-Prozess** selbst muss sorgfältig geplant werden. Hierbei geht es primär um die Auswahl geeigneter Methoden und deren dramaturgische bzw. zeitliche Abfolge. Für gewöhnlich planen wir für einen Kultur-Workshop einen vollen Tag ein. Natürlich kann man sich für so einen Workshop auch mehr als einen Tag Zeit nehmen und dadurch noch tiefer in die Materie einsteigen. Da jedoch bei den meisten Unternehmen aufgrund ihrer Größe oft mehr als ein Workshop mit unterschiedlichen Gruppen durchzuführen ist, um ein repräsentatives Bild zu erlangen, und da Zeit für viele Unternehmen für gewöhnlich ein überaus knappes Gut ist, haben wir ein Format kreiert, das hoch effizient und effektiv die kollektive Intelligenz der Teilnehmenden aktiviert bzw. die Gedanken und Gefühle der Teilnehmenden zu den vorab gewonnenen Daten in überaus fokussierter Form verdichtet. Dieses besteht aus den folgenden **5 Bausteinen:**

1. **Impulsvorträge:** Für gewöhnlich beginnen wir unsere Workshops mit einem Impulsvortrag. Ziel des Vortrags ist es, die Teilnehmenden für neue Sichtweisen zu öffnen und sie geistig auf den Tag einzustimmen. Thematisch sind wir dabei überaus variabel. Wichtig ist, dass der Vortrag KEINE Ergebnispräsentation der bisher gewonnenen Daten ist, oder dass sonstige aktuelle spezifische Themen des Unternehmens erörtert werden. Ganz im Gegenteil. Wir wollen den Teilnehmenden durch die Vorträge helfen, das „Tagesgeschäft" aus dem Kurzzeitgedächtnis zu verbannen und dieses stattdessen mit neuen Sichtweisen, Erkenntnissen bzw. Aha-Erlebnissen aufzufüllen. Wir sprechen in unseren Impulsvorträgen beispielsweise gerne über Komplexität und deren Folgen für die Unternehmensausrichtung, oder etwa die Digitalisierung und ihre erstaunlichen Implikationen auf sämtliche Arbeits- und Lebensbereiche. Der Vortrag sollte dabei maximal 20–30 min dauern und für alle Teilnehmenden leicht verständlich sein, insbesondere auch für teilnehmende Mitarbeitende, die keine „Wissensarbeitenden" sind,

sondern für die konkrete Wertschöpfung im Unternehmen sorgen. Gegebenenfalls ist es sinnvoll, nach der Mittagspause zum Wiedereinstieg in den Workshop-Prozess einen weiteren Impulsvortrag zu geben, der jedoch maximal 10–15 min dauern sollte und primär die Aktivierung der Teilnehmenden zum Ziel hat. Dies gelingt besonders gut durch spannende Vorträge, die den Teilnehmenden für alltägliche Gegebenheiten neue Perspektiven eröffnen. Beispielsweise kann man hierzu kurz und prägnant aufzeigen, wie Kommunikation funktioniert und warum diese so oft zu Missverständnissen und mithin ins Chaos führt.

2. **Begriffsreflexion:** Der erste Methodenblock beginnt mit der Interpretation bzw. Konkretisierung der im Rahmen der Online-Umfrage über alle drei Fragerunden hinweg gewonnenen **positiven Begriffe** (z. B. visionär, organisiert, kompetent), die Rückschlüsse auf die Kernwerte sowie den gemeinsamen Richtungssinn zulassen. Methodisch nutzen wir hierfür das klassische BRAINSTORMING, bei dem zunächst jeder Teilnehmende für sich seine Gedanken bzw. Assoziationen zu den identifizierten Begriffen auf dafür vorbereiteten Metaplan-Wänden mit Post-its festhält. Dabei fokussieren wir uns auf drei bis maximal zehn der am häufigsten genannten Begriffe, die jeweils an einer gesonderten Metaplan-Wand bearbeitet werden. Zur besseren Orientierung betten wir die zu bearbeitenden Begriffe in die folgende Frage: *Was bedeutet [Begriff] konkret für Dich bzw. für Deine Arbeit im Team bzw. für die Zusammenarbeit mit Deinen internen und externen Kunden?* Nachdem jeder die Möglichkeit hatte seine Gedanken zu jedem Begriff auszuspeichern, lassen wir in Gruppen gemeinsam das Ergebnis CLUSTERN, wobei jedes Cluster gesondert mit einem zentralen Terminus zu beschreiben ist. Neben den vorab eingesammelten positiven Begriffen lassen wir im Rahmen der Begriffsreflexion darüber hinaus auch die am häufigsten gewählten Werte aus der Kategorie „Zuviel des Guten" reflektieren. Diese liefern uns Hinweise auf akute **Schmerzpunkte** des Unternehmens. Methodisch gehen wir dabei analog der Interpretation der positiven Begriffe vor. Die Top 3 bis 5 identifizierten Schmerzpunkte (z. B. abgehoben, bürokratisch, belehrend) werden zunächst von jeder bzw. jedem Teilnehmenden für sich anhand der

Frage: *Inwiefern empfindest Du Dein Unternehmen als [Schmerz-punkt]?* reflektiert. Die so gewonnenen Ergebnisse lassen wir dann wieder in Gruppen gemeinsam Clustern und die Cluster mit zusammenfassenden Termini beschreiben. Alternativ ist es möglich die Schmerzpunkte physisch modellhaft darzustellen, etwa durch die gemeinsame PRÄPARATION von Kartons mithilfe unterschiedlichster Materialien, wie etwa Papier, Kartons, Schaumstoff, Kunststoff, Luftballons, Bällen, usw. Die präparierten Kartons können hierauf zu einer „Wand der Widerstände" aufgetürmt, und schließlich von den Workshop-Teilnehmenden mit Tennisbällen symbolisch zerstört werden. Dieses Vorgehen wirkt auf die Teilnehmenden überaus befreiend und öffnet sie für den weiteren Verlauf des Workshops, eignet sich jedoch vor allem für größere Gruppen in eher weitläufigen Locations.

3. **Identifikation gewünschter Arbeitsprinzipien:** Bei diesem Arbeitsschritt geht es darum herauszufinden, wie die Mitarbeitenden zukünftig gerne zusammenarbeiten wollen. Hierfür nutzen wir die zuvor aus der Reflexion der positiven Begriffe abgeleiteten Termini als Reflexionsfläche. Ziel ist es, für jeden Terminus mindestens einen **Imperativ** zu formulieren. Als Hilfestellung nutzen wir hierfür folgende Fragestellung: *Betrachtet nun die von Euch identifizierten Cluster erneut. Was würdet Ihr einer neuen Kollegin, einem neuen Kollegen raten, damit sie/er dem [Terminus] gerecht wird? Bitte formuliert für jeden Terminus mindestens eine Empfehlung (z. B. sei offen für Neues, kümmere Dich um andere, handle stets respektvoll, …).* Dieser Arbeitsschritt erfolgt immer in Gruppen, die gemeinsam passende Empfehlungen erarbeiten. Angenommen die Teilnehmenden haben zu Beginn des Workshops 8 positive Begriffe reflektiert und für jeden der 8 Begriffe ca. 4 Cluster gebildet, so erhalten wir bereits in einem Workshop rund 30 Wünsche bzw. Empfehlungen im Hinblick auf das zukünftige Miteinander. Führen wir im Rahmen unserer Kulturanalyse nicht einen, sondern beispielsweise fünf Workshops durch, stehen uns bereits ca. 150 Empfehlungen als Grundlage der Ausformulierung von Arbeitsprinzipien zur Verfügung.

4. **Konkretisierung der Kernwerte und des gemeinsamen Richtungssinns:** Zur Konkretisierung der Kernwerte des Unternehmens und einem vitalisierenden gemeinsamen Richtungssinns stehen uns eine Fülle von Methoden zur Verfügung, die wir in unseren Workshops immer wieder neu konfigurieren. Hierzu gleich mehr! Grundsätzliches Ziel dieses Bausteins ist es, insbesondere dem nicht offensichtlichen Denken und Fühlen als Ausdruck der sozialen Identität des Unternehmens auf die Schliche zu kommen. Dabei unterscheiden wir zwischen eher analytischen, und eher intuitiv-sinnlichen Herangehensweisen. Zur Herausarbeitung des **Unternehmenszwecks** als zentrale Komponenten des gemeinsamen Richtungssinns gehen wir beispielsweise sehr analytisch vor. Hier nutzen wir zunächst PERSONAS, um die internen und externen Kunden „in den Raum zu holen", und verdichten die dabei gewonnenen Erkenntnisse dann mit einem VALUE PROPOSITION CANVAS. Bei der Erarbeitung eines vitalisierenden **Zukunftsbilds**, der zweiten zentralen Komponente des gemeinsamen Richtungssinns, nutzen wir sowohl analytische als auch intuitiv-sinnliche Techniken. Im Vordergrund stehen dabei FRAGETECHNIKEN, wie: *Welche zukünftige Entwicklung Deines Unternehmens würde Dich wirklich begeistern? // Welche positive Schlagzeile würdest Du gerne in 5 Jahren in der Bildzeitung, im Handelsblatt, auf Twitter lesen? // Wofür brennen wir? Was treibt uns unaufhörlich an?* Die so gewonnenen Einblicke können dann zur Vertiefung durch die Erstellung eines PROTO-TYPEN weiter konkretisiert werden. Ein Prototyp im Design Thinking ist ein Modell einer Idee, eines Prozesses, eines Services bzw. eines Produktes, das mit verschiedenen Materialien (Lego, Papier, Karton, Kunststoff, Schaumstoff, usw.) oder digitalen Mitteln (z. B. Wireframes, Mockups) gebastelt und damit unmittelbar besprechbar wird. Zum prototyping eines vitalisierenden Zukunftsbilds nutzen wir meist physische Materialien, da wir die Erfahrung gemacht haben, dass beim „Denken mit den Händen" nicht nur die Gedanken, sondern auch die Gefühle der Teilnehmenden unmittelbar zum Ausdruck gebracht werden. Der Fantasie sind dabei keine Grenzen gesetzt. Zum tieferen Ergründen der im Rahmen der Begriffsreflexion herausgearbeiteten Termini zur Beschreibung der

Kernwerte des Unternehmens bietet es sich schließlich an eher intuitiv-sinnliche Techniken zu nutzen. So können beispielsweise die Termini in Gruppen bildlich dargestellt werden. Mit wenig Aufwand kann man entsprechende BILDER auf Flipcharts erstellen lassen. Mit mehr Zeit können die Bilder auch auf Leinwand mit Acrylfarbe erstellt werden, was jedoch deutlich mehr Aufwand erzeugt und entsprechend eine umfangreichere Vorbereitung erfordert.

5. **Sondierung zentraler Veränderungsthemen:** Zur Sondierung zentraler Veränderungsthemen des Unternehmens nutzen wir alle bis dahin im Workshop erarbeiteten Erkenntnisse bzw. Modelle als Reflexionsfläche. Methodisch führen wir an dieser Stelle eine IDEATION anhand entsprechender Ideation-Boards durch (siehe: Abb. 3.7). Dabei leiten uns die folgenden Fragen: *Was müssen wir an unserem Erscheinungsbild ändern, um glaubwürdig zu sein? // Wie können wir unser Handeln noch stärker an unseren Kernwerten ausrichten? // Was braucht es, damit wir zukünftig (noch) erfolgreicher sind? // Wie können wir unsere Zusammenarbeit bzw. unser Miteinander zukünftig (noch) besser gestalten? // Was können wir tun, um unsere*

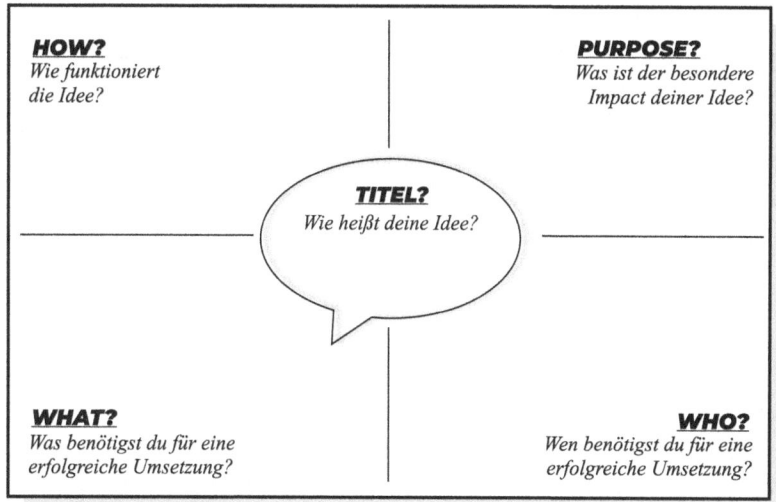

Abb. 3.7 Ideation Board

Schmerzpunkte zu reduzieren? Bei einem Workshop mit ca. 20 Teilnehmenden kommen dabei innerhalb von 30–45 min problemlos 20 Ideen zustande. Bei fünf Workshops mit ähnlicher Anzahl der Teilnehmenden haben wir dann bereits 100 Ideen, wie das Unternehmen zukünftig besser ausgerichtet werden kann.

Im Hinblick auf das **Team,** als dritte Komponente des Design-Thinking-Frameworks, haben wir schon weiter oben darauf hingewiesen, dass die Teilnehmenden möglichst alle Mitarbeitenden des Unternehmens repräsentieren sollten. Aus Design-Thinking Sicht ist es, darüber hinaus, wichtig, dass möglichst viele unterschiedliche Perspektiven im Raum versammelt sind. Warum? Ganz einfach: Kultur ist komplex und das Erfassen von Komplexität erfordert immer maximale Multiperspektivität. Neben unterschiedlichen Funktionalitäten sollten in den Workshop-Teams dabei auch möglichst unterschiedliche Typen vertreten sein: Netzwerker, Spezialisten, Generalisten, Kreative, Pioniere, Möglichmacher, Bewahrer, Spinner, …

Abschließend noch ein paar Worte zur **Rolle der Facilitators:** Selbstredend ist es wichtig, dass die Workshop-Moderator:innen ihr Handwerkszeug beherrschen. Hierzu gehört vor allem die Zusammenstellung geeigneter Methoden sowie die zeitliche Planung des Workshop-Flows. Wir selbst haben uns angewöhnt den gesamten Workshop auf die Minute genau zu planen. Natürlich läuft während eines Workshops nicht immer alles nach Plan. Die exakte Timeline ermöglicht es uns jedoch zu jedem Zeitpunkt einen Überblick über das Vorankommen zu haben und gegebenenfalls rechtzeitig den Flow zu modifizieren. Nichts ist für Workshop-Teilnehmende schlimmer, als wenn ein Workshop zeitlich bzw. inhaltlich aus dem Ruder läuft. Noch wichtiger ist unseres Erachtens jedoch die Haltung des Facilitators bzw. das Verständnis der eigenen Rolle. Unserem Verständnis nach ist der Facilitator immer auch der Gastgeber des Workshops, ganz egal, wo der Workshop stattfindet, ob der Facilitator von außen kommt oder wer den Workshop in Auftrag gegeben hat. Und als guter Gastgebender ist man für das Wohlergehen seiner Gäste verantwortlich, immer, jeder Zeit. Dies führt uns zu einem weiteren wichtigen Punkt. Neben der Aufgabe, die Teilnehmenden methodisch und inhaltlich durch den Workshop zu führen und die

Ergebnisse der jeweiligen Arbeitsschritte fotographisch bzw. filmisch festzuhalten, gehört es vor allem auch zu den Aufgaben des Facilitators über den gesamten Workshop hinweg die Energie im Raum zu halten bzw. zu managen. Grundlage hierfür ist die Fähigkeit zur Empathie und eine möglichst hohe emotionale Intelligenz. Und diese ist glücklicherweise trainierbar. Man muss es nur wollen!

Nachbereitung des Workshops
Um die Ergebnisse des bzw. der Workshops für die Markierung (Abschn. 3.5) nutzbar zu machen, werden im Nachgang alle erstellten Dokumente, Fotos und Filme gesichtet, systematisch geordnet und in einer Präsentation aufgearbeitet. Wir sind keine Freunde von Fotoprotokollen als alleinige Dokumentation eines Workshops. Fotoprotokolle sind zwar wichtig, um gegebenenfalls noch einmal ins Detail gehen zu können, werden aber unserer Erfahrung nach aufgrund ihrer Unübersichtlichkeit nur sehr ungern als Arbeitsgrundlage genutzt und verschwinden daher für gewöhnlich recht schnell in den Weiten des File-Systems. Daher ist es wichtig die Workshop-Ergebnisse so aufzuarbeiten, dass sie auch für Menschen, die nicht an den Workshops teilgenommen haben, leicht erfassbar und unmittelbar verständlich sind. Adressat der Präsentation der Workshop-Ergebnisse ist vor allem der Lenkungskreis (Abschn. 3.6) sowie das im Nachgang der Workshops aktiv werdende Kreativ-Team (Abschn. 3.5).

3.5 Markierung: Kultur besprechbar machen

Aufgabe dieses Arbeitsschritts ist es, die Kernwerte, den gemeinsamen Richtungssinn, die Arbeitsprinzipien sowie die zentralen Veränderungsthemen zunächst inhaltlich konkret auszuformulieren und diesen hierauf gestalterisch ein aktivierendes, vitalisierendes „Gesicht" zu verpassen. Auf diese Weise entsteht ein **Leitbild** für das Unternehmen.

Obwohl uns bewusst ist, dass mit dem Begriff Leitbild in der zurückliegenden Dekade allerlei Schindluder getrieben wurde, wollen wir einen Beitrag dazu leisten, diesen zu rehabilitieren. Aus sprachwissenschaftlicher Sicht setzt sich das Wort aus dem Adjektiv „Leit", was sich von dem Verb „leiten" ableitet, und dem Substantiv „Bild", als Ausdruck für eine visuelle und/oder konzeptionelle Vorstellung, zusammen. Sprich:

> Das Leitbild ist ein audio-visuell aufgearbeitetes Konzept der Unternehmenskultur, das den Mitarbeitenden als Orientierungshilfe bzw. Reflexionsfläche für ihr Fühlen, Denken und Handeln dient.

Und genau so etwas benötigen wir, um Kultur im Unternehmen besprechbar zu machen. Denn nur durch einen gemeinschaftlich geführten kulturellen Diskurs über alle Unternehmenshierarchien und -bereiche hinweg fördern wir das Positive der Kultur zutage und entfesseln so vorhandene, bisher schlummernde Potenziale. Dies gelingt jedoch nur, wenn sich in dem Leitbild auch tatsächlich die Kultur des Unternehmens widerspiegelt. Deshalb die große Mühe bei der Erarbeitung des Leitbilds. Denn: Ohne Substanz keine Wirkung!

Zur **inhaltlichen** Ausformulierung des Leitbilds bzw. der darin skizzierten Kulturfragmente greifen wir auf eine Methode zurück, die als **Triangulation** bezeichnet wird. Die Methode wird in der Forschung immer dann genutzt, wenn mehrere Datenquellen bzw. Methoden zur Erforschung eines Phänomens Verwendung finden. Sie trägt dazu bei, die Gültigkeit und Zuverlässigkeit der Ergebnisse zu erhöhen und ein umfassenderes Verständnis des untersuchten Sachverhalts zu ermitteln. In unserem Fall der Kulturanalyse greifen wir nun auf alle Untersuchungsergebnisse zurück, von der Erkundung, über die Interviews und die Online-Umfrage bis hin zu den Ergebnissen der Workshops und machen uns auf die Suche nach dominanten kulturbezogenen Mustern (siehe: Abb. 3.8). Dabei lassen wir uns von den folgenden Fragen leiten: *Wo gibt es Ähnlichkeiten bzw. Unterschiede in der Wahrnehmung bzw. Interpretation der Kulturfragmente über alle eingesetzten Analyse-Methoden hinweg? // Auf was sind die Ähnlichkeiten bzw. Unterschiede zurückzuführen? // Welche dominanten Muster lassen sich zuverlässig über alle Schritte der Kulturanalyse erkennen?*

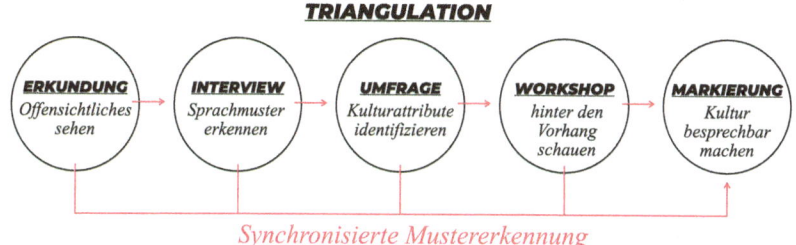

Abb. 3.8 Triangulation zur Verdichtung der Kulturanalyse

Mit den Ergebnissen der Triangulation schaffen wir eine verlässliche Basis zur konkreten Ausformulierung des Leitbilds, bestehend aus den Kernwerten, dem gemeinsamen Richtungssinn, den Arbeitsprinzipien und den zentralen Veränderungsthemen. In Ergänzung kann dem Leitbild ein überzeugendes WARUM vorangestellt werden, welches die Notwendigkeit des eingeschlagenen Wegs der Kulturentwicklung hervorhebt. Denn die unternehmensweite Präsentation des Leitbilds ist immer auch Startpunkt für vorzunehmende Veränderungen (Kap. 4). Und jede erfolgreiche Veränderung beginnt mit einer guten Geschichte. In den Sozialwissenschaften sprechen wir seit den 1990er Jahren in diesem Zusammenhang von einem **Narrativ,** einer Meta-Erzählung, die den Menschen in Organisationen das WARUM des eingeschlagenen Weges verdeutlicht und damit von Beginn an für Orientierung sorgt. Ein solches Narrativ speist sich für gewöhnlich aus den zentralen Herausforderungen unserer Zeit (VUCA-Welt, Digitalisierung, Nachhaltigkeit, …), muss jedoch, um glaubhaft zu sein, Bezug auf die individuellen Gegebenheiten der Organisation haben. Dabei ist ein gutes Narrativ sinnstiftend formuliert, emotional aufgeladen und, vor allem, gut erzählt. So wäre beispielsweise ein gutes Narrativ für die Digitalisierung eines Krankenhauses, das Ärzte bzw. Pflegekräfte endlich wieder ihre Zeit dafür nutzen können, Menschen bei gesundheitlichen Problemen kompetent bzw. fürsorglich beiseite zu stehen, statt die Hälfte ihrer Arbeitszeit mit administrativen Aufgaben zu „vergeuden", die durch eine konsequente Digitalisierung auf ein Bruchteil des aktuellen Zeitaufwands reduziert werden könnten. Eine solche Meta-Erzählung schafft, zum einen, Bewusstsein für die Notwendigkeit der anstehenden Veränderungen und, zum anderen, die Bereitschaft bzw. innere Verpflichtung, einen konstruktiven Beitrag zur Transformation der Organisation zu leisten. Aber Vorsicht!!! Wir wollen nicht die Kultur des Unternehmens verändern, sondern vielmehr ihre ureigenen Stärken für die anstehenden Veränderungen nutzen. Die Kultur entwickelt sich dann von ganz alleine.

Die Formulierung der **Kernwerte** des Unternehmens ist immer eine ganz besondere Herausforderung, da sie die Einzigartigkeit und Unverwechselbarkeit des Unternehmens zum Ausdruck bringen müssen. Da reicht es nicht ein paar gängige Begriffe (z. B. innovativ, kundenorientiert, nachhaltig, integer) wahllos aneinander zu reihen. Damit dies nicht geschieht, im Folgenden ein paar Tipps:

1. **Kernwerte sind einprägsam:** Entwickle eine kurze, aber prägnante Liste von Kernwerten, welche sich die Mitarbeitenden mühelos merken können.
2. **Kernwerte sind einzigartig:** Natürlich ist es möglich, dass es bei der Wahl der Kernwerte Übereinstimmungen mit anderen Firmen gibt, aber achte darauf, dass die Zusammensetzung der ganzen Liste dennoch einzigartig ist.
3. **Kernwerte sind klar formuliert:** Vermeide abstrakte Stichworte, bette die Werte stattdessen in kurze prägnante Sätze ein.
4. **Kernwerte sind plakativ:** Verdeutliche jeden Kernwert mit einem Bild, einer Beschreibung bzw. einer kurzen Geschichte, um ihn unmittelbar „erlebbar" zu machen.
5. **Kernwerte decken alle drei Kategorien der Kulturattribute ab:** Sorge dafür, dass du mindestens jeweils einen Wert aus jeder Kategorie (Leistungsebene, Beziehungsebene, Entwicklungsebene) adressierst.

Darüber hinaus ist es von zentraler Bedeutung, dass die Formulierung mit den Sprachmustern des Unternehmens korrespondiert. Dies erfordert immer sprachliches Fingerspitzengefühl. Verfehlen die Formulierungen den richtigen Ton, identifizieren sich die Mitarbeitenden nicht mit den postulierten Kernwerten und deren Nutzen als Reflexionsfläche ist dahin. Entsprechend ist es naheliegend, dass die Kernwerte eines Beratungsunternehmens definitiv andere sind als die eines Maschinenbauers. Ein schönes Beispiel für die gelungene Formulierung von Kernwerten liefert uns United Airlines: *We fly right – We fly friendly -We fly together – We fly above & Beyond.* Die Formulierung ist fraglos einprägsam, einzigartig, klar formuliert, plakativ und die Werte decken alle drei Kategorien (Leistungsebene, Beziehungsebene, Entwicklungsebene) der Kulturattribute ab.

Auch für die Ausformulierung des **gemeinsamen Richtungssinns** wollen wir Euch im Folgenden ein paar Tipps mit auf den Weg geben. Als Faustformel gilt dabei, dass der gemeinsame Richtungssinn immer einfach, klar und handlungsorientiert zu formulieren ist. Dabei sollte er maximal ein bis zwei Sätze umfassen und ausschließlich aus positiven Formulierungen bestehen. Hilfreich ist es auch statt Substantive (z. B. wir wollen eine „Veränderung" herbeiführen) besser Verben (z. B. wir wollen uns „verändern") zu verwenden. Darüber hinaus ist es essenziell, dass die Formulierung der alltäglichen Wortwahl der Mitarbeitenden entspricht. Ein schönes Beispiel hierfür liefert uns das Unternehmen Faller Packaging, das für sich den gemeinsamen Richtungssinn wie folgt formuliert hat: *„Gesundheitsversorgung neu denken und digital managen."*

Zur Ausformulierung der **Arbeitsprinzipien** können wir auf die im Rahmen der Workshops herausgearbeiteten Empfehlungen im Hinblick auf das zukünftig gewünschte Miteinander zurückgreifen. Dabei verdichten wir die Empfehlungen auf maximal fünf bis sieben Verhaltensnormen, die wir dann anhand der Arbeitsvorlage ausdifferenzieren (Abb. 3.9).

Die Arbeitsprinzipien sind immer als Imperativ zu formulieren. Der Imperativ, die Definition des Prinzips (WAS) und dessen Erklärung (WARUM) gelten dabei grundsätzlich für das gesamte Unternehmen. Demgegenüber sind die unter dem WIE aufgeführten Verhaltensbeispiele optional und können dementsprechend pro Team, Abteilung, Geschäftsbereich individuell modifiziert werden. Auf diese Weise tragen wir dem Umstand Rechnung, dass die Prinzipien in unterschiedlichen Unternehmensbereichen auch sehr unterschiedliche Ausprägungen haben können. So bedeutet bei einem Bohrinsel-Betreiber das Prinzip „Unterstütze das Team" in der HR-Abteilung gänzlich etwas anderes, als für die Mitarbeitenden auf der Bohrinsel selbst, für die das Prinzip

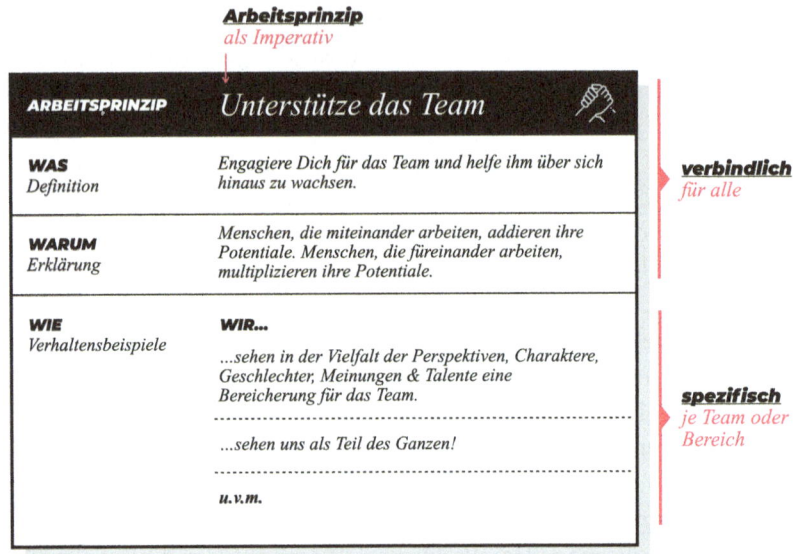

Abb. 3.9 Template Arbeitsprinzipien (Beispiel: Unterstütze das Team)

unter Umständen existentielle Bedeutung hat. Und dennoch unterstützt die Verinnerlichung und konsequente Anwendung des Prinzips in beiden Bereichen ein positives Miteinander.

Schließlich gehören zu einem guten Leitbild unseres Erachtens immer auch ausformulierte **Veränderungsthemen.** Auch hier ist es wichtig, die Anzahl der Veränderungsthemen auf maximal fünf bis sieben zu reduzieren, damit bei deren Umsetzung nicht der Fokus verloren geht. Als Grundlage der Verdichtung der Veränderungsthemen können wir sowohl auf die Interviewergebnisse als auch auf die im Rahmen der Workshops erstellten Ideation-Boards zurückgreifen. Dabei sollte jedes Veränderungsthema grundsätzlich beschrieben *(Was wollen wir verändern?),* die Notwendigkeit der Veränderung erörtert *(„Warum brauchen wir das?")* und die ersten Schritte zu dessen Umsetzung *(„Was ist unser Fokus")* skizziert werden. Die konkrete Planung bzw. Umsetzung der Veränderungsthemen erfolgt jedoch erst nach dem offiziellen Rollout des Leitbilds (Kap. 4).

Zur Markierung der Unternehmenskultur gehört, neben der schriftlichen Ausarbeitung der Kulturfragmente, immer auch die **graphische bzw. audiovisuelle Gestaltung** des Leitbilds in Form von Präsentationen, Broschüren, Poster, Give-Aways, Aufkleber, Flyer, Videos, etc. Gegebenenfalls kann die gestalterische Aufarbeitung des Leitbilds auch als Anlass dienen, das Corporate Designs sowie weitere Manifestationen der Unternehmenskultur entsprechend zu modifizieren. Die gestalterische Ausarbeitung des Leitbilds sollte dabei unbedingt Menschen überlassen werden, die ihr Handwerk verstehen. Wir erleben es immer wieder, dass viel Zeit und Arbeit in die inhaltliche Erarbeitung des Leitbilds investiert wird, dessen gestalterische Aufarbeitung dann jedoch leider zu kurz kommt. Ein fataler Fehler! Denn eine schöne, professionelle Gestaltung des Leitbilds gibt diesem immer auch ein mehr an Bedeutung, Wichtigkeit, Ernsthaftigkeit.

Abschließend noch die Antwort auf eine Frage, die wir bei fast jedem Kulturprojekt früher oder später mit unseren Projektpartnern diskutieren: *Wem machen wir unser Leitbild zugänglich, nur unseren Mitarbeitenden, oder auch unseren Kunden und sonstigen Stakeholdern?* Die Antwort ist dabei ganz einfach: Es kommt darauf an! Was grundsätzlich nicht veröffentlicht werden sollte, sind die herausgearbeiteten Veränderungsthemen. Auch die Arbeitsprinzipien sind primär nach innen gerichtet, können aber gegebenenfalls bei der Gewinnung neuer Mitarbeitenden zum Einsatz kommen. Die Kernwerte sowie der gemeinsame Richtungssinn sind demgegenüber grundsätzlich auch für sämtliche Stakeholder des Unternehmens von Interesse, entsprechend können sie fraglos für die externe Kommunikation genutzt werden, müssen es aber nicht. Hieraus wird deutlich, dass das Leitbild seine Wirkung primär nach innen entfalten sollte. Entsprechend darf es nicht verwechselt werden mit marketingfokussierten Vision-, Mission-, Werte-Statements als Teil eines ausgefeilten Werbekonzeptes. Diese oft von Agenturen oder Beratern im stillen Kämmerlein entworfenen Postulate haben meist keinerlei kulturelle Implikationen und werden – by the way – auch von Kunden meist nicht sonderlich ernst genommen. Zurecht!

3.6   Der Lenkungskreis: Den Weg frei räumen

Damit der oben beschriebene Prozess auch tatsächlich gelingen kann, braucht es einen Lenkungskreis, der die Durchführung der Kulturanalyse sowie die Ausarbeitung bzw. den Rollout des Leitbilds von Beginn an verantwortet. Neben der Bereitstellung erforderlicher finanzieller und zeitlicher Ressourcen, sollte das Gremium den Fortgang des Prozesses kontrollieren sowie dem Culture Team als Impuls- und Feedback-Geber zur Verfügung stehen. Schließlich sollte der Lenkungskreis immer das letzte Wort bei allen relevanten Entscheidungen haben.

Als **Mitglieder** des Lenkungskreises braucht es zunächst Manager:innen, die im Unternehmen über hinreichende Entscheidungsbefugnisse verfügen, um tatsächlich auch erforderliche Entscheidungen verbindlich treffen zu können. Da für gewöhnlich die Initiative für ein Kulturprojekt von der **Geschäftsleitung** ausgeht, obliegt dieser auch die Leitung des Gremiums. Dabei sollten in kleineren und mittelständischen Unternehmen aufgrund der Relevanz und der Tragweite des Vorhabens möglichst die gesamte Geschäftsleitung Teil des Lenkungskreises sein. Ergänzt wird das Gremium durch den **Leiter des Kulturprojekts**, der dem Projektteam vorsteht und die Verantwortung für die Umsetzung der im Gremium getroffenen Entscheidungen innehat. Ergänzend können dem Lenkungskreis auch **Fachexperten** angehören, vornehmlich aus der HR- und Marketingabteilung, die über spezifisches Wissen und Erfahrungen in Bezug auf kultur- bzw. kommunikationsspezifische Themen verfügen. Unumgänglich scheint uns auch die Teilnahme eines oder mehrerer Mitglieder der **Personalvertretung bzw. des Personalrats,** sowie weitere Multiplikatoren aus der Mitarbeiterschaft, die als Brücke zu den Mitarbeitenden fungieren und deren primäre Aufgabe es ist deren Perspektive in das Gremium einzubringen. Schließlich kann der Kreis auch durch **externe Berater** ergänzt werden, die das Gremium durch ihre externe Perspektive sowie zusätzliches Fachwissen in der Entscheidungsfindung unterstützen können.

Damit der Lenkungskreis von Beginn des Projektes an seine Arbeit aufnehmen kann, sollten vorab klar die Rollen, Verantwortlichkeiten und Erwartungen diskutiert bzw. geklärt werden. Die Ergebnisse der Diskussion können in einer **Charta** festgehalten werden. Ebenfalls zu klären sind der **Ort** und die **Häufigkeit** des Zusammenkommens des Gremiums sowie die Fixierung konkreter **Termine.** Darüber hinaus ist das **Format** der Meetings festzulegen (persönlich, per Videokonferenz, per Telefonkonferenz) sowie eine **Kommunikationsinfrastruktur** aufzubauen, die auch ein File-System zur Bereitstellung bzw. Ablage sämtlicher das Projekt betreffenden Daten, Informationen sowie Präsentationen beinhalten sollte.

So, die Kulturanalyse ist durchgeführt, das Leitbild erstellt und vom Lenkungskreis verabschiedet. Was nun folgt ist die Operationalisierung des Leitbilds: **HIT THE CULTURE BUTTON!**

4

Hit the Culture Button

Machen ist wie wollen, nur viel krasser!

© Der/die Autor(en), exklusiv lizenziert an Springer Fachmedien Wiesbaden GmbH, ein Teil von Springer Nature 2023
T. Ginter und A. Romppel, *Hit the Culture Button: Unternehmenskultur erfolgreich entwickeln – Potentiale wirksam entfalten*,
https://doi.org/10.1007/978-3-658-42769-6_4

These
Damit ein Leitbild seine volle Wirkung entfalten kann, muss es im Unternehmen verankert werden. Hierzu muss ein entsprechender Kontext geschaffen werden: Der Kontext bestimmt das Sein!

Hauptaussage
Kulturmanagement bedeutet immer auch positive Veränderungen anzustoßen. Diese müssen professionell initiiert, vorbereitet, organisiert und begleitet werden. Wichtig dabei ist, dass die angestrebten Veränderungen als gemeinsame Aufgabe aller Mitarbeitenden verstanden wird. Durch ein Maximum an Beteiligung bei der Erarbeitung von Lösungen für die identifizierten Veränderungsthemen vergemeinschaften wir die Verantwortung für unsere zukünftige Entwicklung und machen dadurch Betroffene zu Beteiligten.

Warum ist es wichtig?
Nur durch die Freude, Kraft und Energie des Kollektivs sind wir in der Lage, Veränderungsprozesse erfolgreich zu meistern. Und mit jedem erfolgreich gemeisterten Veränderungsthema erhöhen wir, ganz nebenbei, die kulturelle Vitalität des Unternehmens. Wie von Zauberhand, ganz von alleine! Und genau das verstehen wir unter Kulturentwicklung, dem Arbeiten MIT der Kultur mit dem Ziel, UNS positiv zu entwickeln.

Key Take Outs
Grundlage der Operationalisierung des Leitbilds ist zunächst das Führungsteam als treibende Kraft des Kulturmanagements sprachfähig zu machen, in der Mitarbeiterschaft Commitment zu schaffen, Kulturmanagement strukturell im Unternehmen zu verankern sowie die Umsetzung der Veränderungsprojekte professionell zu flankieren. Zentraler Schlüssel für ein erfolgreiches Kulturmanagement ist dabei, Lernen als immanenten Prozess im Unternehmen zu implementieren, sprich: Lernen unternehmensweit zu kultivieren!

Ein Leitbild taugt unseres Erachtens nur etwas, wenn es im Unternehmen als Reflexionsfläche zur Ausrichtung des Handelns Verwendung findet respektive Veränderungen initiiert. Damit dies gelingen kann, müssen wir einige zentrale Voraussetzungen schaffen sowie den mit der Kulturentwicklung einhergehenden Veränderungsprozess professionell flankieren. Konkret bedeutet dies:

1. Die **Führungskräfte an Bord zu holen** und dafür Sorge zu tragen, dass sie in ihrer Rolle als Kulturmanager:innen sprach- und handlungsfähig sind. (Abschn. 4.1)
2. Das **Kulturmanagement strukturell so zu verankern,** dass es als fester Bestandteil der Organisation abteilungsübergreifend seine Wirkung entfaltet. (Abschn. 4.2)
3. Unternehmensweit **Commitment für das Leitbild zu schaffen,** damit es von den Mitarbeitenden als das ihre akzeptiert, unterstützt und final internalisiert wird. (Abschn. 4.3)
4. Die verabschiedeten **Veränderungsthemen** unter Beteiligung möglichst Vieler **umzusetzen.** (Abschn. 4.4)
5. Eine **kontinuierliche Lernreise zu initiieren,** auf der Erreichtes reflektiert, Schwachstellen identifiziert und diese möglichst umgehend beseitigt werden. Teil der Lernreise ist es aber auch, Erfolge publik zu machen und gebührend zu feiern. (Abschn. 4.5)

4.1 Führungskräfte an Bord holen

Ohne Führungskräfte ist alles nichts! Uns ist klar, dass wir mit dieser Aussage etwas gegen den Strom schwimmen. Während die Community der Verfechter von Selbstmanagement und -organisation kontinuierlich wächst, sind wir demgegenüber der Ansicht, dass gerade auch Selbstmanagement unabdingbar Führung benötigt. Sicherlich eine neue Form von Führung, die vielmehr den Kontext für die Entfaltung vorhandener Potenziale schafft, anstatt Kennzahlen getrieben die Zukunft zu planen, die Umsetzung der Pläne zu organisieren und dann die anvisierte Zielerreichung zu kontrollieren. Diese Form der Führung funktioniert fraglos prächtig in einer vorhersehbaren und damit planbaren Zukunft. Wird es demgegenüber dynamisch, unübersichtlich, mehrdeutig und komplex, und genau das bedeutet das Arbeiten mit der Unternehmenskultur, brauchen wir unabdingbar ein neues Führungsverständnis. Und eines ist klar, wenn die Führungskräfte bei der Operationalisierung des erarbeiteten Leitbilds nicht vorangehen, oder dieses gar aus Angst vor Veränderungen sabotieren, ist die Zukunft des Leitbilds als Staubfänger im Foyer der Unternehmenszentrale besiegelt. Und all die Arbeit bzw. Mühe der Kulturanalyse war umsonst. Damit dies nicht geschieht, müssen wir unabdingbar zu Beginn des Leitbild-Rollouts die Führungskräfte an Bord holen. Hierfür müssen wir sie zunächst in Punkto Leitbild sprachfähig gegenüber ihren Mitarbeitenden und dann, im weiteren Verlauf des Prozesses, handlungsfähig machen. Denn: Dialog, Vernetzung und Diskurs sind die Schlüssel für eine erfolgreiche Kulturentwicklung.

In Punkto **Sprachfähigkeit** geht es zunächst darum, dass die Führungskräfte idealtypisch den Prozess der Kulturanalyse miterlebt haben, aber zumindest die Entstehung des Leitbilds vollumfänglich nachvollziehen sowie die Inhalte des Leitbilds und dessen Implikationen für die zukünftige Ausrichtung des Unternehmens im Detail verstehen. Denn mit der Sprachfähigkeit kommt die Lust am Dialog. Irgendwie total logisch, wenn man diesen Gedanken einmal ausgesprochen hat. Stell Dir die folgende Situation vor: Nach einer umfassenden und detaillierten Kulturanalyse wird ein Leitbild für das Unternehmen erarbeitet und in einem groß angekündigten Rollout den Mitarbeitenden unternehmensweit vorgestellt. Im Anschluss an die Vorstellung wird eine der Führungskräfte von seinen Mitarbeitenden gefragt, wie denn das Leitbild konkret zustande gekommen ist und, vor allem, was sich durch das neue Leitbild denn konkret für das Team verändern wird. Ist die Führungskraft in dieser Situation sprachfähig, beginnt an dieser Stelle ein konstruktiver Dialog als Teil des Leitbildprozesses. Ist sie es nicht, wird die Antwort der Führungskraft im besten Fall ausweichend ausfallen. Wahrscheinlicher ist es jedoch, dass die Führungskraft versucht, gesichtswahrend seine/ihre Unwissenheit zu kaschieren. Entsprechend wird sie die Fragen der Mitarbeitenden unkommentiert lassen bzw. den gesamten Prozess mit einem lapidaren Kommentar, wie beispielsweise: *„keine Ahnung, das geht auch vorbei"*, diskreditieren. Und dies nicht, weil der Prozess von der Führungskraft per se nicht sinnvoll erachtet wird, sondern weil sie eben nicht sprachfähig ist.

Neben der Herstellung der Sprachfähigkeit müssen wir darüber hinaus unsere Führungskräfte **handlungsfähig** machen. Denn nur handlungsfähige Führungskräfte können auch einen signifikanten Beitrag zur Kulturentwicklung leisten. Neben allerlei **methodischen Kompetenzen** zur Planung bzw. Aussteuerung der vereinbarten Veränderungsthemen (z. B. agile Zielplanung, Scrum, Lean Startup), benötigt es hierfür vor allem die richtige **Haltung.** Und Haltung basiert auf Wissen und Erfahrung. Im Folgenden wollen wir Dir **neun erfahrungsbasierte Wissensbausteine** vorstellen, die vieles des bisher Gesagten noch einmal auf den Punkt bringen bzw. den vorangegangenen Ausführungen als Fundament zugrunde liegen. Deren Verstehen respektive Verinnerlichen ist unseres Erachtens unabdingbare Voraussetzung für ein nachhaltiges erfolgreiches Kulturmanagement:

1. **Kultur ist handeln und wächst beständig aus sich selbst heraus:** Kultur ist das Resultat aus allem, was wir als Gemeinschaft tun, denken und fühlen, aber auch aus allem, was wir *nicht* tun, tolerieren, verdrängen oder einfach nicht entscheiden. Somit geht Kultur uns Alle an und von uns Allen aus. Vielen Dank an Molière für diese Inspiration.
2. **Wir arbeiten MIT der Kultur und nicht AN der Kultur:** Ein kleiner, aber feiner Unterschied. Es ist unmöglich Kultur am Zeichenbrett zu designen und sie dann einer Organisation per Dekret überzustülpen. Man kann jedoch der kulturellen Entwicklung eines Unternehmens Richtung und Geschwindigkeit geben. Dies geschieht durch das Setzen der richtigen Themen bzw. das Entfachen von Energie für eine gemeinsame Sache. Voraussetzung hierfür ist es jedoch, seine ureigene Kultur tatsächlich auch zu kennen respektive zu verstehen.

3. **Kulturarbeit macht implizit Vorhandenes und Sozialisiertes explizit:** Wir können im Kulturmanagement immer nur mit dem arbeiten, was tatsächlich auch da ist. Dabei fokussieren wir uns primär auf die positiven Muster der Unternehmenskultur. Aber wo Licht ist, ist immer auch Schatten. Um ein Unternehmen von innen zum Leuchten zu bringen, müssen wir uns entsprechend immer auch um die korrosive, hemmende Energie (aka Schmerzpunkte) des Unternehmens kümmern und diese möglichst in positive Handlungsimpulse umwandeln. Aikido lässt grüßen!

4. **Kultur ist wandelbar:** Keine Ahnung wie oft wir schon die nachfolgende Aussage als Grund dafür gehört haben, etwas nicht zu tun: *„Aber das entspricht nicht unserer Kultur."* Wir stellen dann stets nur eine Frage: Soll es denn in Zukunft Teil Eurer Kultur sein? Wenn die Antwort ja lautet, dann wisst Ihr, was zu tun ist: Setzt das Thema und entwickelt Euch dahin. Es wird nur Teil Eurer Kultur werden, wenn Ihr es tut und nicht darauf wartet bis es Euch passiert.

5. **Die Zukunft ist offen:** Schluss mit langfristigen Prognosen bzw. Plänen in einer VUCA-Welt, die zunehmend volatil, unvorhersehbar, komplex und mehrdeutig ist. Stattdessen müssen wir lösungsoffen und selbstbewusst eine Organisation schaffen, die in einer unvorhersehbaren Zukunft – oder sagen wir besser in „unvorhersehbaren Zukünften" – prosperieren kann.

6. **Ambivalenz ist das neue Normal:** Vor dem Hintergrund, dass die meisten Unternehmen ursprünglich nicht für die VUCA-Welt entwickelt wurden, sondern auf die Erhöhung von Sicherheit und Vorhersagbarkeit ausgelegt sind, lösen die Konstellationen unserer Zeit Paradoxien aus, wie beispielsweise Stabilität vs. Transformation; Effizienzorientierung vs. radikaler Innovation; Nullfehlertoleranz vs. Fail/Learn Fast. Um ein solches Spannungsfeld wirksam zu managen, braucht es einen gemeinsamen Richtungssinn und einen klugen strategischen Blick ohne Dogmen.

7. **Führung braucht Follower:** *„Leaders don't follow. They lead!",* hat uns einmal ein erfolgreicher Unternehmer in einem Workshop zugerufen. Unsere Antwort kam prompt: *„Ohne Follower keine wirksame Führung."* Und der beste Weg aus Mitarbeitenden Follower zu machen ist es, sie möglichst umfassend an der Beantwortung aller

für sie relevanten Fragestellungen zu beteiligen. Und eben auch bei der Erstellung und Operationalisierung des Leitbilds! Darüber hinaus schafft die Einbindung möglichst vieler Mitarbeitenden Multiperspektivität und Identifikation mit den erarbeiteten Resultaten.

8. **Kulturmanagement ist kein Selbstzweck:** Kulturmanagement impliziert immer auch Veränderungen. Und für diese brauchen wir unabdingbar ein nachvollziehbares, plausibles WARUM. Insbesondere für das Kulturmanagement in erfolgreichen Unternehmen ist das WARUM essentiell. „Wir sind extrem erfolgreich. Warum lassen wir die Dinge nicht einfach weiterlaufen wie bisher?". Diese oder ähnliche Fragen sind fraglos berechtigt und verdienen eine gute Antwort. Meist findet sich das WARUM unmittelbar im Umfeld des Unternehmens. Zur erfolgreichen Bewältigung der großen Themen unserer Zeit – Digitalisierung, De-Carbonisierung, De-Coupling, Sustainibility, Demographie –, aber auch zum Meistern unternehmensspezifischer Marktherausforderungen, benötigen wir die maximale Entfesselung der im Unternehmen vorhandenen Potenziale. Und genau das ist der Sinn und Zweck von Kulturmanagement.

9. **Veränderung braucht Begeisterung:** Die Kultur erfolgreicher Unternehmen wird getragen von Begeisterung, auch – oder gerade dann – wenn die Lage herausfordernd ist. Es ist die Energie der Menschen, die die Vitalität von Unternehmen ausmacht. *„Growth is Fun"*, hat einmal der CEO eines von uns begleitenden Unternehmen seiner Führungsmannschaft in einer überaus leidenschaftlichen und charismatischen Rede zugerufen. *„Wir haben das Privileg zu wachsen. Als Organisation wie auch als Menschen. Ja, das bedeutet, dass wir uns Alle aus unserer Komfortzone heraus bewegen müssen und auch, dass wir uns als Führungskräfte am Rande unseres Wissens- und Erfahrungshorizonts bewegen. Aber genau das ist unser Job als Führungsteam. Freude am Wachstum, Begeisterung für lebenslanges Lernen, Veränderung willkommen heißen. Nur so wird es uns gelingen eine Organisation, eine Gemeinschaft von Menschen, von innen heraus zum Leuchten zu bringen. Gemeinsam!"*. Dem ist nichts mehr hinzuzufügen.

Die oben vorgestellten Wissensbausteine basieren auf unseren über 20-jährigen Erfahrungen als Berater und Forscher. Uns ist klar, dass unsere Erfahrungen nicht das individuelle eigene Erfahren von Führungskräften ersetzen kann. Vielmehr wollen wir mit unseren Wissensbausteinen Impulse für ein neues Management-Verständnis geben, verbunden mit der Aufforderung, kontinuierliche Weiterbildung als manifester Bestandteil moderner Führung zu begreifen.

4.2   Kulturmanagement strukturell verankern

„Wir haben kein Erkenntnis-, sondern ein Umsetzungsproblem!" – schon mal gehört? Wir schon des Öfteren! Problem erkannt, Problem gebannt? Mitnichten! Denn die erfolgreiche Umsetzung der im Rahmen der Kulturanalyse identifizierten Veränderungsthemen sowie die feste Verankerung des Kulturmanagements in der Organisation erfordert immer entsprechende Strukturen. Strukturen, die das Kulturmanagement handlungsfähig und für alle Organisationsmitglieder erfahrbar bzw. erlebbar machen. Und natürlich müssen wir dabei die Mitarbeitenden als wesentliche Treiber für Veränderung, Entwicklung bzw. kulturelles Wachstum ins Zentrum unseres Kulturmanagements setzen. Denn das Arbeiten MIT der Kultur bedeutet natürlich immer auch das Arbeiten MIT sozialen Systemen, und nicht gegen diese. Durch ein Maximum an Beteiligung bei der Erarbeitung von Lösungen für die identifizierten Veränderungsthemen vergemeinschaften wir die Verantwortung für unsere zukünftige Entwicklung und machen dadurch Betroffene zu Beteiligten. Denn eines ist klar: Menschen wollen lieber aktiv mitgestalten als Anweisungen von außen unreflektiert umsetzen.

Damit Beteiligung im oben beschriebenen Kontext gelingen kann, bedarf es einer entsprechenden Beteiligungsstruktur (siehe: Abb. 4.1). Dabei stehen die Mitarbeitenden im Zentrum der Architektonik, flankiert durch diverse Strukturelemente, die deren Wirken unterstützen bzw. erst möglich machen.

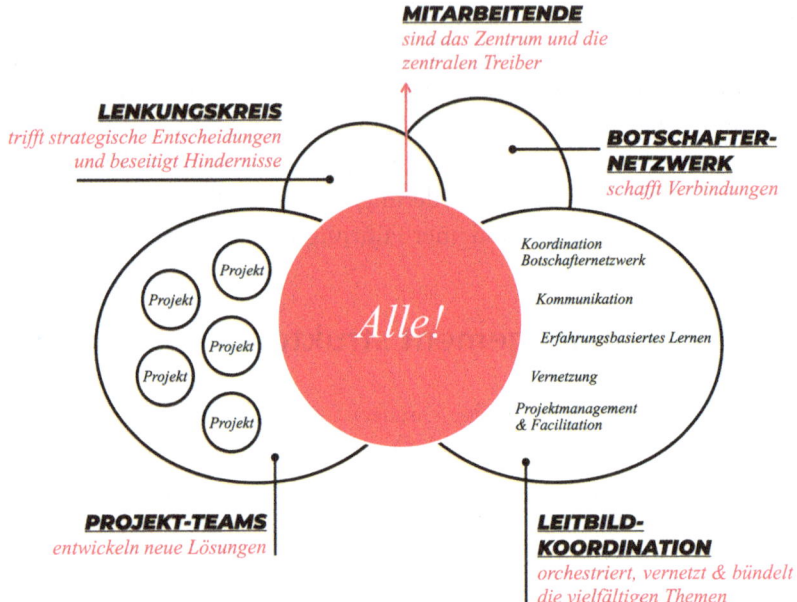

MITARBEITENDE
sind das Zentrum und die
zentralen Treiber

LENKUNGSKREIS
trifft strategische Entscheidungen
und beseitigt Hindernisse

BOTSCHAFTER-
NETZWERK
schafft Verbindungen

Projekt
Projekt
Projekt
Projekt
Projekt
Projekt

Alle!

Koordination
Botschafternetzwerk

Kommunikation

Erfahrungsbasiertes Lernen

Vernetzung

Projektmanagement
& Facilitation

PROJEKT-TEAMS
entwickeln neue Lösungen

LEITBILD-
KOORDINATION
orchestriert, vernetzt & bündelt
die vielfältigen Themen

Abb. 4.1 Beteiligungsstruktur

Im Folgenden wollen wir uns die einzelnen Strukturelemente bzw. deren Funktion einmal genauer anschauen.

Temporäre Projekt-Teams
Primäre Aufgabe der temporären Projekt-Teams ist es, für die identifizierten Veränderungsthemen Lösungskonzepte zu entwickeln und diese federführend umzusetzen. Die Anzahl der Projekt-Teams entspricht dabei immer der Anzahl der aktuell priorisiert bearbeiteten Veränderungsthemen.

Jedes Team sollte, entsprechend der jeweiligen Themenstellung, mit relevanten **Fach- und Methodenexperten** besetzt sowie möglichst **bereichsübergreifend bzw. Cross-funktional** zusammengestellt sein. Dies gewährleistet, dass das Team über alle für die Aufgabenstellung erforderlichen Kompetenzen verfügt und möglichst viele Perspektiven in die Problemlösung mit einfließen.

Um sicher zu stellen, dass das Team auch über Lösungskonzepte außerhalb der gängigen „Realitätstunnel" nachdenkt, ist es überaus hilfreich kreative „**Spinner**" in das Team zu integrieren. Deren primäre Aufgabe ist es, neue unkonventionelle Ansätze zu finden bzw. „Out of the Box" zu denken. Insbesondere bei der Lösung neuer komplexer Aufgabenstellungen ist es überaus hilfreich angestammte Pfade zu verlassen bzw. neue Territorien zu erkunden.

Darüber hinaus ist es überaus förderlich von Beginn an „**Störenfriede**" in die Teams mit aufzunehmen. Statt als „Provokateur:in" das Projekt von außen aus der Deckung heraus zu torpedieren, werden sie als Mitglied der Projekt-Teams unmittelbar Teil der Lösungsfindung bzw. -umsetzung. Sie übernehmen dabei in den Teams idealtypisch die Rolle eines „Advocatus Diaboli", dessen primäre Aufgabe es ist, das sprichwörtliche „Haar in der Suppe" zu finden. Durch die Wertschätzung abweichender Meinungen verwandeln wir destruktiven Missmut in konstruktive Unterstützung, angriffslustiges Gegen- in kollektives Miteinander. Und dies besser früher als später!

Fester Bestandteil eines jeden Teams sollte auch ein **Netzwerker** sein, der innerhalb des Teams für Austausch bzw. Kohärenz sorgt und das Team nach außen hin mit der Organisation vernetzt. Auf diese Weise wird sichergestellt, dass die Potenziale im Team tatsächlich miteinander synergetisch verknüpft werden und, bei Bedarf, das Team schnell und unkompliziert mit weiteren relevanten Kompetenzen bzw. Perspektiven aus der Organisation versorgt wird.

Um den Teams in der Organisation den nötigen Rückhalt zu geben, ist es überaus ratsam jedem Team einen **Sponsor** beiseite zu stellen. Dieser sollte möglichst Mitglied der Geschäftsleitung bzw. Mitglied eines sonstigen mit Weisungsbefugnissen ausgestatteten hochrangigen Gremiums des Unternehmens sein. Idealtypisch ist der Sponsor dabei auch Mitglied des Lenkungskreises. Durch die Implementierung einer Projekt-Sponsorschaft sichern wir uns unmittelbar das Engagement, die Beteiligung und Unterstützung hochrangiger Entscheidungsträger und stellen sicher, dass die jeweils für die Projekte erforderlichen Mitarbeitenden per Weisung auch tatsächlich von den Fach- bzw. Funktionsbereichen für die Projekte temporär freigestellt werden.

Dreh- und Angelpunkt eines jeden Projekt-Teams ist der jeweilige **Projektleiter.** Um seiner Rolle im Projekt tatsächlich gerecht werden zu können, ist es unserer Erfahrung nach unabdingbar, dass dieser dem Projekt in Vollzeit zur Verfügung steht, mindestens jedoch 75 % seiner Arbeitszeit für das Projekt reserviert ist. Sämtliche andere Mitglieder des Projekt-Teams sind im Normalfall in Teilzeit engagiert. Hier hat sich ebenfalls ein Mindestmaß von größer 30 % der regulären Arbeitszeit bewährt. Zur Erinnerung: Die von uns in der Kulturanalyse identifizierten Veränderungsthemen sind nicht „nice to have", sondern existenziell für den zukünftigen Unternehmenserfolg. Sollte dies nicht der Fall sein, haben wir unseren Job nicht ordentlich gemacht! Und ein solches existentielles Thema braucht entsprechend, ohne Wenn und Aber, unsere volle Aufmerksamkeit. Allenfalls laufen wir Gefahr, dass die Bearbeitung des Themas im omnipräsenten „Tagesgeschäft" untergeht. Aber zurück zum Projektleiter. Dieser kann, muss jedoch nicht, Experte des zu bearbeitenden Themas sein. Unbedingt erforderlich ist es jedoch, dass er über hinreichend Projektmanagement-Skills verfügt, die ihm ermöglichen bereichsübergreifende, interdisziplinäre bzw. multi-perspektivische Teams erfolgreich zu führen bzw. zu moderieren. Und dies geht meist über klassische Projektmanagement-Skills hinaus. Vielmehr Bedarf es hierfür insbesondere auch einer Haltung voller Offenheit, Neugierde, Verantwortungsbewusstsein, Engagement und Empathie, die dem Projektleiter erlaubt unterschiedlichste Perspektiven situativ aufgabenbezogen zu integrieren.

Lenkungskreis
Wie bereits weiter oben beschrieben (Abschn. 3.6) ist die Aufgabe des Lenkungskreises im Rahmen eines effektiven und effizienten Kulturmanagements **strategische Entscheidungen zu treffen sowie ggf. Hindernisse zu beseitigen.** Dies gilt insbesondere respektive vor allem auch, wenn es an die Umsetzung der identifizierten Veränderungsthemen geht.

Zunächst einmal muss der Lenkungskreis sicherstellen, dass die **dringlichsten bzw. strategisch relevantesten Themen** vorrangig bearbeitet werden. Eng verbunden damit ist die Zuweisung entsprechender **finanzieller bzw. zeitlicher Ressourcen** für die jeweils priorisierten Projekte. Hat der Lenkungskreis entsprechende Entscheidungen getroffen, muss er deren Umsetzung unabdingbar auch **kontrollieren**. Tut er dies nicht, wird Kulturmanagement schnell zum Schattenboxen.

Darüber hinaus obliegt es dem Lenkungskreis das Kulturmanagement mit **Aufmerksamkeit, Bedeutung und Energie** aufzuladen, sodass es eine echte Chance hat unternehmensweit erfolgreich zu werden. Hierbei ist zu bedenken, dass Veränderung meist mit Widerständen einher geht: Das System wehrt sich! Statt gegen diese Energie anzukämpfen, müssen wir sie verstehen, annehmen und in positive Antriebskraft transformieren. *„Growth is Fun!"*. Erinnert Ihr euch? Aber meist auch mit Wachstumsschmerzen verbunden, unbequem, die eigene Komfortzone attackierend. Und die vieler anderer auch. So muss der Lenkungskreis dem Kulturmanagement unabdingbar Richtung, Sinn, Geschwindigkeit und Dynamik geben, damit es nicht zum Selbstzweck verkommt. Er muss verhindern, dass Kulturmanagement zu einer dieser Geschichten mutiert, die man sich besser nicht erzählen möchte, weil alle Mühen wieder einmal im Sande verlaufen sind. Vielmehr muss das Kulturmanagement ein „Bestseller" werden, der die Entwicklung unserer ureigenen sozialen Identität, unserer inhärenten Kultur erzählt. Eine Geschichte voller Helden, überwundener Hindernisse, Entbehrungen und Erfolg. UNSERE Geschichte!

Botschafter-Netzwerk

Ein weiteres wichtiges Strukturelement zur unternehmensweiten Verankerung des Kulturmanagement ist das Botschafter-Netzwerk. Botschafter sind Mitarbeitende, die für das Kulturmanagement als **Multiplikatoren bzw. Mittler** hinein in die Organisation fungieren. Dabei sollten für das Kulturmanagement möglichst aus allen Geschäfts- bzw. Funktionsbereichen Kultur-Botschafter gewonnen werden. Wichtig ist, dass Mitarbeitende „aus freien Stücken" die Rolle eines Botschafters übernehmen. Denn Botschafter zu sein bedeutet aus Überzeugung für das Thema Kulturentwicklung einzustehen bzw. gegenüber anderen Mitarbeitenden die damit einhergehenden Veränderungsprojekte mit Nachdruck zu vertreten. Und das geht nur, wenn man wirklich daran glaubt, dass die vom Kulturmanagement eingeleiteten

Projekte auch tatsächlich einen Beitrag zur Potenzialentfaltung der Mitarbeitenden leisten und das Unternehmen als Ganzes tatsächlich voranbringen.

Neben ihrer Rolle als Sender fungieren die Botschafter aber auch als **Empfänger** von Meinungen, Stimmungen, Bedenken, Vorschläge der Mitarbeitenden aus ihrem Bereich. Die eingesammelten Informationen werden von den Botschaftern gebündelt und dann mit anderen Akteuren des Botschafter-Netzwerk verglichen, diskutiert, konkretisiert und dann ggf. in verdichteter Form an das Culture Development Office (dazu gleich mehr) weitergeleitet.

Es ist überraschend, wie viele Menschen unserer Erfahrung nach Lust haben, sich für das Kulturmanagement im Unternehmen zu engagieren. Das Botschafter-Netzwerk gibt dabei allen Mitarbeitenden des Unternehmens die Möglichkeit, explizit Teil der Veränderung und damit Teil einer **unternehmensweiten Bewegung** zu werden. Und da im Grunde genommen alle Mitarbeitenden Teil der Unternehmenskultur und damit „Kulturschaffende" sind (ob sie nun wollen, oder nicht. Ob uns das bewusst ist, oder nicht), schaffen wir mit dem Botschafter-Netzwerk proaktiv ein Forum, das der Bewegung Struktur, Inhalt und Dynamik verleiht. Selbstredend sind wir der Ansicht, dass Kulturmanagement keine Sache ausgewählter Experten, wie etwa Agile Coaches, Culture Experts oder People & Culture Developer ist. Vielmehr bedarf es für ein erfolgreiches Kulturmanagement immer die Freude, Kraft und Energie des Kollektivs!

Culture Development Office

Kommen wir nun zum **Herz der Beteiligungsstruktur,** dem Culture Development Office (siehe: Abb. 4.2). Aufgabe des Culture Development Office ist es, die vielfältigen **Themen der Veränderung zu orchestrieren, zu moderieren und zu bündeln.** Es sorgt dafür, dass die Veränderungsprojekte vorankommen und fungiert als „Biotop", um in einem geschützten Raum bzw. Rahmen Neues ausprobieren zu können und erfahrungsbasiert zu lernen. Kurzum hier laufen die Fäden des unternehmensweiten Kulturmanagements zusammen. Als moderierendes Strukturelement schafft das Culture Development Office Klarheit und Verbindlichkeit und erhöht damit die Umsetzungsfähig-

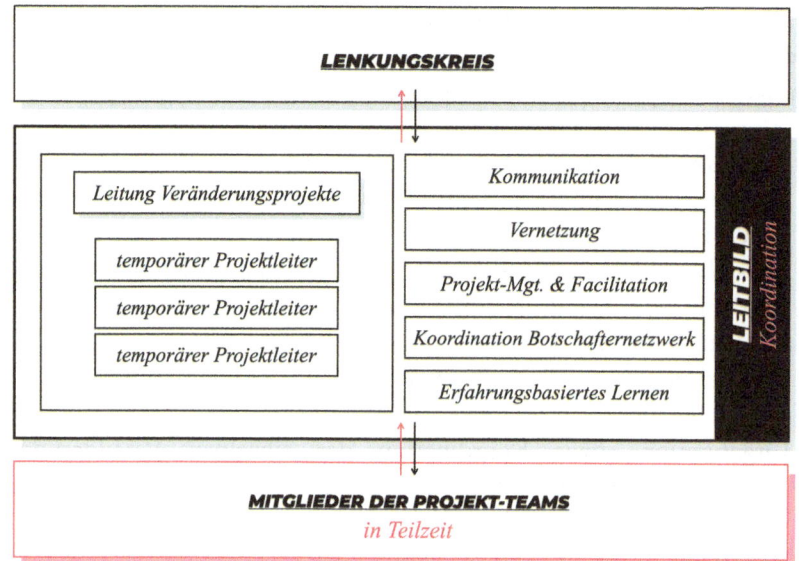

Abb. 4.2 Culture Development Office

keit und -geschwindigkeit der Veränderungsprojekte. Zu besetzen ist das Culture Development Office dabei mit mehreren Mitarbeitenden (je nach Größe des Unternehmens), die sich zu 100 % um die Operationalisierung des Leitbilds bzw. die Koordination der Umsetzung der Veränderungsthemen kümmern.

Durch die **Institutionalisierung des Kulturmanagements** in Form eines Culture Development Offices schaffen wir eine zentrale Anlaufstelle für alle Belange das Thema „Kultur" betreffend. Gleichzeitig ist die sichtbare und physische Verankerung des Office in der formalen Organisationsstruktur ein bedeutsames Signal bezüglich des Handlungswillens und der Handlungsfähigkeit der Geschäftsleitung.

Das Culture Development Office berichtet direkt an den Lenkungskreis. Der **Culture Development Officer** (CDO), der das Office formal leitet, ist ebenfalls Teil des Gremiums. In der Praxis hat es sich bewährt, dass die/der CDO Teil der Geschäftsleitung – zumindest der erweiterten – ist, zum Beispiel in Gestalt der HR-Leitung. So ist ein Maximum an Alignment zu Top-Management Themen und Entscheidungen sichergestellt.

Als **zentrale Support-Funktionen** – welche durch das Culture Development Office zur Verfügung gestellt werden – haben sich in unseren Praxisprojekten Nachfolgende bewährt:

1. **Kommunikation** – Orchestrierung und Steuerung der unternehmensweiten internen Kultur- bzw. Veränderungskommunikation unter Einbeziehung vorhandener Ressourcen und Profis in dieser Disziplin. Eine stetig fließende und gesteuerte Kommunikation ist dabei von herausragender Bedeutung für den Erfolg der Veränderungsprojekte.
2. **Vernetzung** (von allem und jedem!) – Zusammenführung der unterschiedlichen Ansichten, Vorstellungen, Vorschläge aus der Organisation sowie Koordination der einzelnen Veränderungsprojekte. Dies schafft Transparenz bezüglich der Abhängigkeiten der einzelnen Themenkomplexe und macht diese hierdurch ganzheitlich steuerbar.
3. **Projektmanagement & Facilitation** – Unterstützung der temporären Projekt-Teams bei der Wahl des richtigen Arbeitsmodus (lean vs. agil) sowie ggf. Bereitstellung notwendiger Facilitation-Power. Die Grundhaltung hierbei ist: Finde Wege, um Dinge zu ermöglichen statt Gründe dafür, wieso etwas nicht geht!
4. **Koordination des Botschafter-Netzwerks** – Initiierung und Aufbau des Netzwerks inklusive der Identifizierung bzw. Auswahl geeigneter Botschafter. Kontinuierlicher Support des Netzwerks durch Information, Abstimmung, Vernetzung und Weiterentwicklung. Das Botschafter-Netzwerk ist die Keimzelle einer unternehmensweiten Bewegung, die Veränderung als Chance begreift und entsprechend tatkräftig vorantreibt.
5. **Erfahrungsbasiertes Lernen** – Bereitstellen eines geschützten Raums bzw. Rahmens, in dem erfahrungsbasiertes Lernen ermöglicht wird. Das Culture Development Office agiert dabei nicht in Konkurrenz zur Personalentwicklung. Vielmehr soll das Arbeiten an den Projekten unmittelbar als erfahrungsbasierte Lernreise für alle Beteiligten gestaltet werden.

Der Aufbau des Culture Development Office findet idealerweise bereits parallel zum Kulturanalyse-Prozess statt, sodass es keinen Strömungsabriss nach der unternehmensweiten Präsentation des erarbeiteten Leitbilds gibt und die Umsetzung der darin identifizierten Veränderungsthemen unmittelbar beginnen kann. Hierdurch wird sichergestellt, dass das Leitbild Relevanz besitzt und die Themen unmittelbar mit Freude und Energie augenblicklich angepackt werden. Und dies mit voller Unterstützung der Geschäftsleitung. Wir schaffen so Momentum für eine unternehmensweite Bewegung: Potenzialentfaltung durch Kulturentwicklung!

4.3 Commitment schaffen

Erfolgreiches Kulturmanagement bedeutet immer auch die Mannschaft abzuholen bzw. die Mitarbeitenden als aktive Unterstützer zu gewinnen. Der Schlüssel hierfür ist eine professionelle interne Kommunikation, die idealtypisch in der Identifikation der Mitarbeitenden mit dem Kulturmanagement und den damit einhergehenden Veränderungsprojekten mündet. Leicht gesagt, schwer getan, denn Kommunikation ist überaus komplex, haben wir es doch mit unterschiedlichsten Menschen im Unternehmen zu tun. Und deren Wahrnehmung ist immer selektiv und subjektiv determiniert, d. h. jeder von uns nimmt nur einen Bruchteil dessen bewusst wahr, was um uns herum geschieht, und die Interpretation dieses Ausschnitts basiert dabei immer auf unserem individuellen persönlichen Erleben bzw. Erfahren. Dies gilt ausnahmslos für alle Menschen, überall, in jedem Unternehmen, jeglicher Größe, auf der ganzen Welt. Und genau dieser Umstand macht Kommunikation so schwierig. Damit der Rollout unseres Leitbilds dennoch den gewünschten Erfolg hat, müssen wir folglich verstehen, wie Menschen Informationen wahr- bzw. aufnehmen, verarbeiten und sie sich schließlich zu eigen machen. Wie das konkret geht, zeigen wir Dir in diesem Kapitel. Vorab jedoch wollen wir Dir einige Grundgedanken vorstellen, die uns bei der Entwicklung unseres Kommunikationsansatzes in besonderer Weise inspiriert haben.

Exkurs: Einige schlaue Gedanken zum Thema Kommunikation
In dem Buch „Menschliche Kommunikation: Formen, Störungen, Paradoxien" postulierten **Paul Watzlawick** (2011), Philosoph, Psychotherapeut und einer der bedeutendsten Kommunikationswissenschaftler unserer Zeit, gemeinsam mit seinen Ko-Autoren **Janet Beavin** und **Don Jackson** zum Thema Kommunikation die folgenden 5 Axiome (2011, S. 78–81 u. 121–134):

1. **Man kann nicht nicht kommunizieren:** ursächlich hierfür ist, dass jede Kommunikation immer auch Verhalten ist, und da man sich nicht nicht verhalten kann, kann man auch nicht nicht kommunizieren. So signalisiert beispielsweise eine Führungskraft, die während der Präsentation des neu erarbeiteten Leitbilds auf dem Smartphone ihre E-Mails checkt, unmissverständlich, dass sie kein Interesse an dem vorgestellten Thema hat. Und dies ganz ohne Worte.
2. **Jede Kommunikation hat einen Inhalts- und einen Beziehungsaspekt:** die Vermittlung von Informationen ist immer im Kontext des gegebenen Beziehungsgeflechts der Interaktionspartner zu sehen. Habe ich beispielsweise ein gutes Verhältnis zu meinem Kollegen, folge ich leichter seiner Argumentation bzw. seinen Vorschlägen, kann ich ihn nicht leiden, werte ich seine Vorschläge eher ab und bin weniger aufgeschlossen.
3. **Kommunikation ist immer Ursache und Wirkung:** auf jeden kommunikativen Reiz folgt immer eine Reaktion, die wiederum einen Reiz auslöst, usw. Entsprechend führt die Vorstellung von Veränderungsprojekten im Team zu Reaktionen der Teammitglieder, die wiederum zu Konkretisierungen bzw. Modifikationen der Projektdesigns führen können, welche dann in einem Folgetermin ggf. präsentiert werden.
4. **Menschliche Kommunikation bedient sich non-verbaler und verbaler Modalitäten:** direkte Kommunikation ist immer eine Kombination aus non-verbaler (Körpersprache, Gesten) und verbaler (Wörter, Grammatik) Kommunikation. So kann ein Meeting vom Vorstand von diesem mit einem Lächeln eröffnet werden, oder aber

mit einem ernsten Blick, völlig losgelöst von den in diesem Augenblick übermittelten spezifischen Informationen.

5. **Kommunikation ist symmetrisch oder komplementär:** während in einer symmetrischen Kommunikation sich die Interaktionspartner bemühen, auf „Augenhöhe" zu kommunizieren, besteht bei komplementärer Kommunikation ein hierarchisches Gefälle. So kann eine Führungskraft in einem Workshop mit ihrem/seinem Team bewusst die formale Hierarchie auflösen und sich als „Gleiche(r) unter Gleichen" einbringen, oder versuchen durch seine/ihre hierarchische Position gewünschte Ergebnisse herbeizuführen.

Eine weitere Perle zum besseren Verständnis von Kommunikation liefert uns **Niklas Luhmann** (1981), Soziologe und Gesellschaftstheoretiker, in seiner Schrift „Die Unwahrscheinlichkeiten der Kommunikation". Dabei beschreibt er als „Fallstricke" der Kommunikation die drei folgenden Unwahrscheinlichkeiten (1981, S. 25–34):

1. Die Unwahrscheinlichkeit, dass die Adressaten von der mitgeteilten Information überhaupt **erreicht** werden.
2. Die Unwahrscheinlichkeit, dass die Adressaten mit ihren unterschiedlichen Wissens- und Erfahrungskontexten die mitgeteilte Information überhaupt **verstehen** können.
3. Die Unwahrscheinlichkeit, dass die Adressaten den Inhalt der mitgeteilten Informationen auch tatsächlich **als Prämisse des eigenen Verhaltens übernehmen bzw. annehmen.**

Mit diesem Grundverständnis im Gepäck wollen wir uns nun der Gestaltung des Rollouts unseres Leitbilds widmen. Als Basismodell nutzen wir hierfür das von Darly Conner und Robert Patterson entwickelte Modell der „Commitment Curve" (1982, S. 18–30), das wir für unsere Zwecke punktuell modifiziert haben.

Rollout Planung mit der Commitment-Kurve

Jede gute Planung einer Kommunikationskampagne beginnt zwingend mit einer dezidierten Analyse der zu adressierenden Zielgruppen. So haben beispielsweise Führungskräfte grundlegend andere Informations-

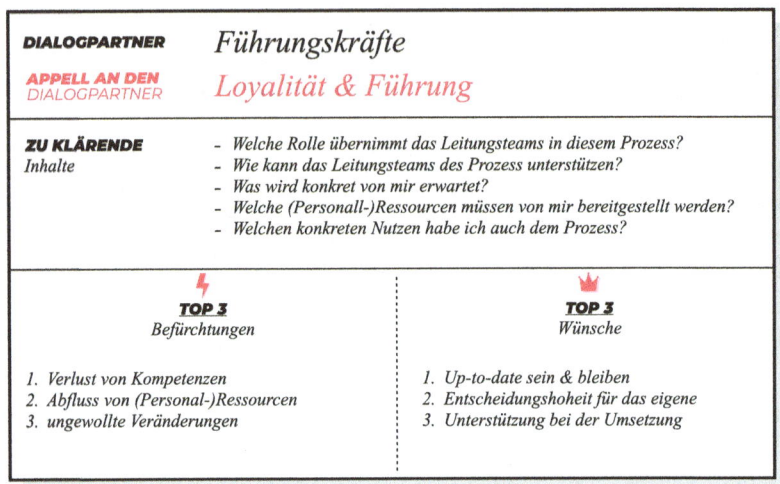

Abb. 4.3 Beispiel Dialogsteckbrief

bedürfnisse als Ihre Mitarbeitenden. Entsprechend versuchen wir zunächst für alle Adressaten einen spezifischen Dialogsteckbrief zu erstellen, auf den wir bei der inhaltlichen Ausgestaltung der Kampagne dann zurückgreifen können. (siehe: Abb. 4.3) Dabei versuchen wir folgende vier Fragen zu klären:

1. *Welche Informationen wollen wir primär der Zielgruppe vermitteln?*
2. *Welche Befürchtungen verbindet die Zielgruppe mit dem neuen Leitbild?*
3. *Welche Wünsche hat die Zielgruppe im Hinblick auf das neue Leitbild?*
4. *Was wollen bzw. erwarten wir von der Zielgruppe?*

Auf der Grundlage der erarbeiteten Dialogsteckbriefe beginnen wir hierauf entlang der Commitment-Kurve unsere Kommunikationskampagne zu planen. Grundidee des Modells der Commitment-Kurve ist die Annahme, dass der Grad der Unterstützung, den Menschen für neue Denk- oder Verhaltensweisen zeigen, vier Entwicklungsphasen durchläuft: Information, Motivation Akzeptanz und Commitment. (Abb. 4.4).

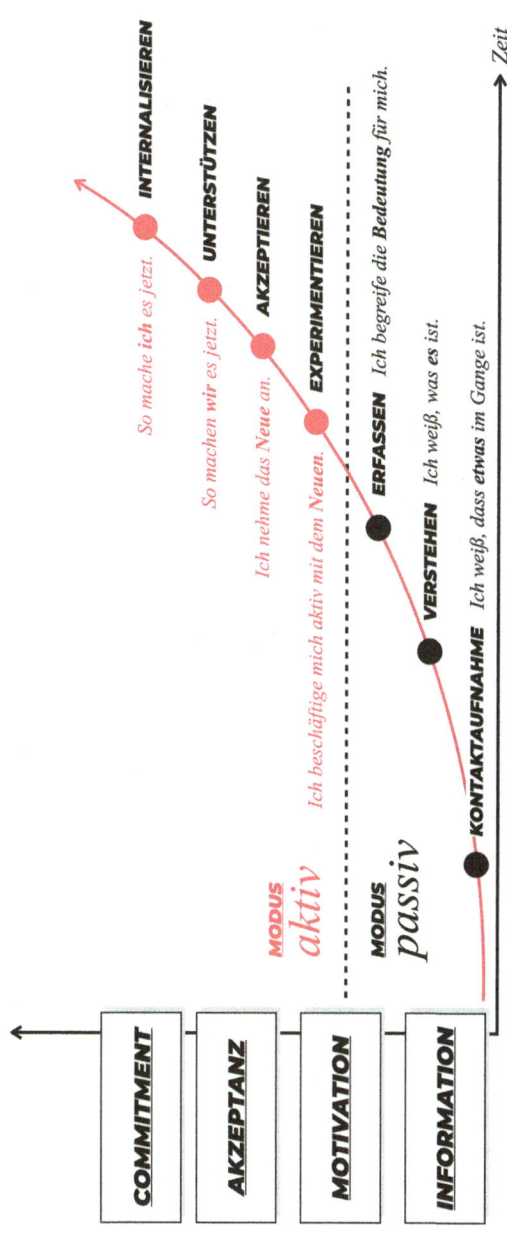

Abb. 4.4 Kommunikationsplanung mittels der Commitment-Kurve

Information

In dieser ersten Phase geht es primär darum, Bedeutung bzw. Relevanz im Kontext der Adressaten zu entfalten, sodass bei diesen Aufmerksamkeit entsteht und deren Sinne geschärft werden. Dies geschieht in zwei aufeinander folgenden Sequenzen. Zunächst müssen wir **Kontakt** mit unseren Adressaten aufnehmen und sie wissen lassen, dass etwas im Gange ist bzw. sich zukünftig etwas ändern wird. Nach der ersten Kontaktaufnahme müssen wir hierauf dafür Sorge tragen, dass die Adressaten bewusst **verstehen,** um was es sich konkret handelt. In dieser Phase geht es primär darum, das neue Leitbild mit all seinen Implikationen für das zukünftige Miteinander vorzustellen. Darüber hinaus müssen wir nachvollziehbar vermitteln, warum das Leitbild erarbeitet wurde bzw. welche internen und/oder externen Herausforderungen ursächlich den Anstoß für die Leitbild-Entwicklung gegeben haben. Schließlich müssen wir ein erstes Bild davon vermitteln, welche Implikationen das neue Leitbild für die zukünftige Entwicklung des Unternehmens hat.

Konkret beginnt der Rollout des Leitbilds meist mit einem **Rundbrief** der Geschäftsleitung, in dem vor allem das „Warum" und der „Status Quo" des Leitbildprozesses skizziert wird. Flankierend hierzu hat es sich auch bewährt, kurze **Auftaktvideos** zu erstellen, in denen die Geschäftsleitung sowie weitere am Leitbildprozess aktiv beteiligte Mitarbeitende ihr Erleben in dem Prozess, aber auch ihre mit dem Prozess verbundenen Hoffnungen wiedergeben. Diese können flankierend zur **Einladung** zu einem Town Hall Meeting an die Mitarbeitenden versendet werden. Das **Town Hall Meeting** ist das Herzstück dieser Phase. Anlass des Meetings ist die offizielle Vorstellung des neuen Leitbilds, das idealerweise allen Mitarbeitenden live (analog und/oder digital) von der Geschäftsführung persönlich präsentiert wird. Darüber hinaus wird zu diesem Anlass auch das weitere Vorgehen im Leitbildprozess inklusive der primären Veränderungsthemen skizziert sowie die Besetzung des Culture Development Office als tragende Säule des Prozesses vorgestellt. Wichtig ist, dass im Anschluss an die Präsentation den Mitarbeitenden die Möglichkeit gegeben wird, Fragen zu dem Leitbild bzw. dem Prozess zu stellen, die möglichst von der Geschäftsleitung bzw. den Leitbildverantwortlichen unmittelbar zu beantworten sind. Die Phase der

Information wird abgerundet durch das Versenden einer ausgearbeiteten **Leitbild-Broschüre,** inklusive einer oder mehrere **Give-Aways** (Aufkleber, T-Shirts, Mauspad, Tassen, Schlüsselanhänger, …), die auf die erarbeiteten Kernwerte bzw. den gemeinsamen Richtungssinn referieren. Die Aussendung der Broschüre und der Give-Aways sollte dabei unmittelbar nach dem Town Hall Meeting erfolgen. So geben wir der nun beginnenden internen Auseinandersetzung der Mitarbeitenden mit dem erarbeiteten Leitbild Orientierung und Richtung.

Motivation
Im Rahmen der zweiten Phase geht es darum, dass die Mitarbeitenden über ein allgemeines Verstehen hinaus nun **erfassen,** was das neue Leitbild sowie die damit verbundenen Veränderungen ganz konkret für sie persönlich bedeuten. Ist dies geschehen, ist der nächste Schritt, dass die Mitarbeitenden hierauf aktiv mit dem Leitbild als Orientierungsrahmen gedanklich zu **experimentieren** beginnen. Von der Sequenz „erfassen" zu der Sequenz „experimentieren" geschieht dabei etwas sehr Bemerkenswertes und überaus Relevantes. Während die Mitarbeitenden beim Erfassen des Leitbilds sich in einem passiven Modus befinden, erfordert das Experimentieren nun, dass sie eine aktive Rolle einnehmen. Sie werden vom Zuschauer zum Akteur. Mit diesem Wechsel springt der vitale Antrieb der Mitarbeitenden an; von nun an sind sie idealerweise intrinsisch motiviert, sich in den Prozess aktiv einzubringen.

Zur konkreten Aktivierung des vitalen Antriebs der Mitarbeitenden sollten wir zunächst versuchen, das Leitbild fest in deren Lebenswelt zu verankern. Hierzu hat es sich bewährt die Kernwerte, den gemeinsamen Richtungssinn sowie die entwickelten Arbeitsprinzipien als **Plakate** aufzuarbeiten und diese als Reflexionsfläche in den Besprechungs- bzw. Gemeinschaftsräumen zu platzieren. Auch sollte in dieser Phase begonnen werden, Leitbild-Botschafter zu akquirieren. Dies kann durch eine **Ausschreibung** geschehen, die von der Geschäftsleitung initiiert wird. Sind genügend geeignete Botschafter gefunden, können diese im Rahmen eines ersten **Botschafter-Events** miteinander vernetzt werden. Parallel hierzu kann ein zweites **Video** gelauncht werden, in dem explizit die vom Lenkungskreis priorisierten Veränderungsprojekte vorgestellt und die Mitarbeitenden aufgerufen werden, sich an diesen aktiv zu beteiligen. Als Infopool für die Mitarbeitenden, über den sie sich jeder Zeit über den aktuellen Stand des Leitbildprozesses bzw. der Veränderungsprojekte informieren können, bietet es sich an, eine **interaktive Landing Page** einzurichten inklusive Blog, Schwarzem Brett und Chatfunktion. Bereits zu diesem Zeitpunkt sollte auch ein virtueller **Ideen- bzw. Kummer Kasten** für die Mitarbeitenden zur Verfügung gestellt werden, der allen Mitarbeitenden die Möglichkeit eröffnet (öffentlich oder anonymisiert), spontane Ideen zum Leitbildprozess oder damit ggf. verbundene Befürchtungen bzw. Ängste unmittelbar an das Cultural Development Office zu adressieren. Wichtig ist dabei, dass die Eingaben der Mitarbeitenden transparent aufgenommen und dann auch im Rahmen der gegebenen Möglichkeiten unmittelbar bearbeitet werden.

Akzeptanz

Mit der Akzeptanz-Phase treten wir ins konkrete Arbeiten mit dem Leitbild ein. Nachdem sich die Mitarbeitenden das Leitbild angeschaut, es Peer-to-Peer, im Team, mit Freunden und Vertrauten diskutiert bzw. gedanklich durchdrungen haben, beginnen sie nun idealerweise mutig, oder auch erst einmal zögerlich mit dem Leitbild zu arbeiten. Dabei ist das Sammeln von Erfahrungen stets begleitet von kognitiven Verzerrungen und Dissonanzen; es fühlt sich eben noch nicht wirklich selbstverständlich an. Entsprechend müssen wir die Phase von einem ersten **akzeptieren** hin zu einem wirklichen **unterstützen** des Leitbildprozesses kommunikativ intensiv begleiten.

Eine der ersten Gruppen, die beginnen mit dem neuen Leitbild konkret zu arbeiten, sind die Botschafter. Damit diese ihre Aufgabe als Multiplikatoren überzeugend erfüllen können, müssen wir diese mit ausführlichem **Informationsmaterial** versorgen sowie in einer **Botschafter-Schulung** auf ihre Aufgabe professionell vorbereiten. Hierauf ist es sinnvoll eine **Roadshow** zu beginnen, auf der die Botschafter, unterstützt durch das Culture Development Office, das Leitbild in den einzelnen Geschäftsbereichen bzw. Abteilungen gemeinsam reflektieren und für die Mitarbeitenden mithilfe interaktiver Formate erlebbar machen. Parallel hierzu beginnt die Arbeit an den Veränderungsthemen. Auch hier ist es wichtig im Rahmen eines **Kick-off-Meetings** die Projektteams abzuholen bzw. die Rahmenbedingungen für die gemeinsame Projektarbeit abzustecken. Um möglichst vielen Mitarbeitenden aufzuzeigen, wie man denn nun konkret mit dem Leitbild arbeitet, bietet es sich an, in allen Geschäftsbereichen bzw. Abteilungen **Culture Workshops** durchzuführen. Primäres Ziel dieser Workshops ist es, das Leitbild in den persönlichen Kontext der Mitarbeitenden und damit in die Vieldeutigkeit der Organisation zu bringen. Dies geschieht durch die Diskussion und Reflexion des Leitbilds, wobei insbesondere auch individuelle Schmerzpunkte der Teilnehmenden aufgearbeitet und für diese gemeinsam erste Lösungsansätze erarbeitet werden. Darüber hinaus lernen die Teilnehmenden jede Menge kleiner Tools kennen, die sie für ihre tägliche Arbeit nutzen können und wir machen sie im Hinblick auf das Leitbild bzw. die damit verbundenen Implikationen sprachfähig. Die Workshops sollten dabei freudvoll, mit viel guter Energie aufgeladen (remember: Growth is Fun!) und zugleich tiefsinnig und konzentriert sein, um der Ernsthaftigkeit der Thematik gerecht zu werden. Da wir der festen Überzeugung sind, dass Culture Workshops von zentraler Bedeutung für die Verankerung des Leitbilds in der Mitarbeiterschaft sind, wollen wir Euch im Folgenden kurz einige Regieanweisungen für die Durchführung eines solchen Workshops an die Hand geben. Der Workshop ist dabei auf einen Tag ausgelegt. Wie, nur ein Tag? Ja genau! Unfassbar wie schnell man mit dem richtigen Setting und den richtigen Methoden den Ball ins Rollen bringen kann. Oder denkst Du vielleicht: Was, einen ganzen Tag? Naja, Du kannst Dir unsere Antwort sicherlich denken: Wenn Euch das Thema Kultur bzw. Leitbild nicht einen Tag wert ist, na dann… =) Und noch was vorab: „One Size fits all" gibt es nicht. Natürlich muss das Format immer dem jeweiligen Kontext entsprechend individuell angepasst werden.

Here we go:

1. **Vorbereitung ist die halbe Miete:** Es hat sich bewährt im Culture Workshop mit extrem pragmatischen Tools zu arbeiten, die die Teilnehmenden im Nachgang direkt mitnehmen können. Wir nutzen hierfür eine Auswahl unterschiedlichster Design Thinking Tools.

Diese müssen sorgfältig ausgewählt und entsprechend der Aufgabenstellung vorbereitet werden.

2. **Atmosphäre kreieren:** Wichtig sind ein gut vorbereiteter Rahmen und Raum. Alles sollte seinen Platz haben. Alles sollte an seinem Platz sein. Wenn Ihr die Teilnehmenden entspannt willkommen heißt, dann überträgt sich das sofort auf diese. Also nehmt Euch die Zeit. Die bekommt Ihr 100-fach zurück.

3. **Check-In:** Ankommen. Wohlfühlen! Hierzu müsst Ihr die Teilnehmenden unmittelbar darüber informieren, warum überhaupt dieser ominöse Culture Workshop durchgeführt wird. Und ihr müsst zu Beginn klären, wie der Tag konkret ablaufen wird: *Wer hat welche Rolle? // Was ist die Challenge des Tages? // Wie ist das Timing? // Wie sind die Workshop-Regeln? // Wer ist heute alles hier?* Wir lieben gute Check-In Sequenzen, die gleich für gute Vibes sorgen. Probiert doch in der Vorstellungsrunde mal die folgenden Fragen aus: *„Wie ist Deine Energie heute (und warum)?"* // *„Wie ist es mit Deiner Motivation bestellt (und warum)?"* // Oder ganz cool: *„Erzählt einen Random Fact über euch!"*

4. **Ordnung im Kopf schaffen:** *Puh… Was war Kultur doch gleich noch mal? Was ist der Unterschied von Strategie und Kultur? // Was ist der Unterschied zwischen Kernwerten, Arbeitsprinzipien und dem gemeinsamen Richtungssinn?* Fragen über Fragen! Allesamt ernst zu nehmen. Schafft Klarheit! Dadurch entsteht schon das erste Mal Sprachfähigkeit bei potentiellen Multiplikatoren. Denn die Freude am Dialog entsteht durch Sprachfähigkeit!

5. **Kernwerte verinnerlichen:** Hier haben wir die Erfahrung gemacht, dass es ganz gut ist, jeden Kernwert mit einer eigenen Startsequenz einzuleiten. Das kann ein kurzer (!!!) Impuls (Geschichte, Analogien, Bilder, …) oder eine gemeinsame Übung sein. Hat etwa der Kernwert beispielsweise etwas mit gegenseitigem Vertrauen zu tun, kann man einen „Vertrauenslauf" mit verbundenen Augen veranstalten. Wenn es nur Sinn macht! Damit es Sinn macht, ist das richtige „Framing" wichtig. Nach jeder Übung bzw. jedem Impuls zu einem der Kernwerte ist es wichtig zu fragen, *"Wie erlebst Du den Kernwert XYZ in Deinem Alltag?"* Diese Frage gilt es zunächst alleine für ein paar Minuten zu reflektieren (eigener Kontext!), dann

gemeinsam mit einem Tandempartner (Sprachfähigkeit erst einmal im Kleinen testen) und schließlich in der großen Runde. Hier gibt es dann jede Menge Gelegenheit für einen echten „Deep Talk" und ggf. ein „Re-Framing" durch die Moderatoren. Und dann geht's weiter zum nächsten Kernwert.

6. **Schmerzpunkte auflösen:** In der Kulturanalyse und Entwicklung des Leitbilds haben wir Schmerzpunkte und globale Veränderungsthemen identifiziert. Zumeist die ganz großen Themen! Doch es gibt auch die kleinen, ganz alltäglichen Themen im persönlichen Kontext, die man ohne großen Aufwand auflösen kann. Wenn man nur will! Und genau da wollen wir hinschauen. Hier gibt es eine ganze Vielzahl an Methoden, die zum Einsatz kommen können: Brainstorming, Brainwriting, Kopfstand-Methode, und, und, und… Am Ende geht es nicht um die Methode. Die ist lediglich Mittel zum Zweck. Ziel ist es, die korrosive, hemmende Energie aufzulösen, das Leitbild unmittelbar spürbar zu machen und das Selbstvertrauen der Mitarbeitenden in ihre eigene Handlungs- und Veränderungsfähigkeit zu stärken.

7. **Prinzipien reflektieren:** Bei den Prinzipien haben wir gelernt, dass es total sinnvoll ist, in Kleingruppen (ca. 6 Personen) per Zufallsauswahl (z. B. Kärtchen ziehen, Flaschendrehen) ein Prinzip auszuwählen und sich dazu gegenseitig Alltagsgeschichten zu erzählen. Initialfragen können sein: *Wie habe ich das Prinzip schon mal in meinem Alltag erlebt? // Wie lebe ich selbst das Prinzip? // Wie und wo könnte ich das Prinzip in meinem Alltag zukünftig einsetzen, um welches spezifische Problem zu lösen?* In einer zweiten Runde werden dann die Inhalte der Gespräche in der großen Runde geteilt, sodass wieder aus dem individuellen Kontext ein gemeinsamer werden kann. Denn jede Diskussion in großer Runde erweitert die Perspektiven und damit immer auch die Sprachfähigkeit der Teilnehmenden!

8. **Gemeinsamer Richtungssinn:** Der gemeinsame Richtungssinn verleiht dem Sosein der einzelnen Mitarbeitenden Sinnhaftigkeit und impliziert immer auch einen Zwang zur Veränderung und damit auch eine klare Erfolgsorientierung. In diesem Kontext ist es von geradezu existentieller Bedeutung, dies den Teilnehmendem

im Workshop eindringlich zu vermitteln. Auch hier gilt es die Kraft des „Framings" bzw. des Kontextualisierens zu nutzen. Wir nutzen gerne ein aufeinander abgestimmtes Fragenset zur Bearbeitung in 2er-Teams, wie beispielsweise: *Was bedeutet der postulierte gemeinsame Richtungssinn konkret für Dich? // Wie erlebst Du ihn heute? // Warum ist dieser Richtungssinn für uns als Unternehmen wichtig? // Wo sind wir meilenweit entfernt oder entfernen uns sogar momentan noch von diesem?* Nach eingehender Diskussion der Fragen in den 2er Teams kommen alle in der großen Runde zusammen, um ihre Antworten auf die Fragen bzw. ihre Erkenntnisse zu teilen. Hier gibt es dann wieder jede Menge Gelegenheit für einen echten „Deep Talk" und ggf. ein „Re-Framing" (!!!) durch die Moderatoren. Und die Sprachfähigkeit der Teilnehmenden erweitert sich erneut.

9. **Sprachfähigkeit testen:** Nun machen wir die Probe aufs Exempel. Jeder Teilnehmende bekommt 10 min Zeit, um einen Pitch zu den folgenden Fragen zu erstellen: *Was erzählst Du deinem Team über diesen Tag? // Was waren Deine Highlights? // Warum war der Tag ein wertvolles Zeitinvestment für Dich?*

10. **Feedback & Outro:** Jeder gute Workshop endet mit einer Feedback-Runde und einem Outro! Schaut, dass ihr die Leute gut entlasst. Schöne Erfahrungen haben wir auch damit gemacht, nach dem Workshop mit den Teilnehmenden gemeinsam essen zu gehen oder gemeinsam zu kochen. Das stärkt noch einmal den Gemeinschaftsspirit und Du weißt ja, der letzte Eindruck wirkt ganz besonders nach.

Eine Sache noch: Es ist überaus sinnvoll, dass Führungskräfte im Kreis ihrer Peers zuerst diesen Workshop machen und dann ein zweites Mal gemeinsam mit ihren Teams. Dabei geht es nicht darum, dass die Führungskräfte ihren Mitarbeitenden gegenüber überlegen sind. Vielmehr ist es wichtig den Workshop mit anderen Führungskräften mit einem Fokus auf Führungsthemen durchzuführen. Darüber hinaus können die Führungskräfte ihre Mitarbeitenden in der zweiten Runde besser unterstützen, besser auf ihre Fragen, Unsicherheiten bzw. Sorgen eingehen und ihr Erleben voller Selbstvertrauen bereichern.

Commitment

In der vierten und finalen Phase beginnen die Mitarbeitenden das neue Leitbild zu **internalisieren**. Sie betrachten die anzugehenden Veränderungen als gemeinsame Aufgabe und sind bereit, Verantwortung für die Umsetzung der Veränderungsprojekte zu übernehmen. Sie fühlen sich persönlich verpflichtet das Leitbild mit all seinen Facetten und Ausprägungen ins Leben zu bringen. Die Operationalisierung des Leitbilds wird für sie zum neuen Normal. Commitment bedeutet, eine positive Einstellung gegenüber den anvisierten Veränderungen zu haben, was seinen Ausdruck unmittelbar im Fühlen, Denken und Handeln findet. Die ausformulierten kulturellen Ausprägungen des Unternehmens werden verstanden, akzeptiert und als Reflexionsfläche bzw. Entwicklungsimpuls im täglichen Miteinander genutzt.

Wenn Dinge zur Gewohnheit bzw. zur Selbstverständlichkeit werden, hat das immer eine positive und eine negative Seite. Positiv ist fraglos, dass keine Überzeugungsarbeit mehr geleistet werden muss. Negativ ist gegebenenfalls, dass die Kulturarbeit im „Tagesgeschäft" aus den Augen verloren wird und sie dadurch an Kraft verliert. Entsprechend müssen wir durch gezielte Kommunikationsmaßnahmen dafür sorgen, dass das Thema im Bewusstsein der Mitarbeitenden präsent bzw. vital bleibt. Eine mögliche Maßnahme hierzu ist etwa ein regelmäßiger **Runder Tisch** mit der Geschäftsleitung bzw. dem Leitungsteam und interessierten Mitarbeitenden. Zu diesem Anlass können die bisherigen Erfahrungen der Mitarbeitenden mit den Veränderungsprojekten besprochen und mögliche Optimierungsoptionen diskutiert werden. Darüber hinaus unterstreicht der Runde Tisch die Wichtigkeit der Veränderungsprojekte für die Geschäftsführung und signalisiert deren Offenheit und Interesse für Impulse aus der Mitarbeiterschaft. Wichtig ist es auch, dass kontinuierlich **Erfolge** bei der Umsetzung der Veränderungsthemen **kommuniziert,** und bei Abschluss eines Veränderungsprojekts dies auch im Rahmen einer **Dankes-Feier** gebührend honoriert wird. In diesem Kontext können auch Mitarbeitende, die sich in besonderer Weise für die Operationalisierung des Leitbilds engagiert haben, mit einer **Auszeichnung** bzw. einem **Preis** gewürdigt werden. Damit aber auch Mitarbeitende, die sich nicht unmittelbar in die Veränderungsprojekte einbringen können, die

Möglichkeit haben, ihr Engagement für den Leitbildprozess zum Ausdruck zu bringen, bietet es sich gegebenenfalls auch an einen **Foto- bzw. Videowettbewerb** zu initiieren, in dem die Mitarbeitenden Fotos oder Videos einreichen können, bei denen ihr Verständnis bzw. ihr Umgang mit dem neuen Leitbild thematisiert wird. Wichtig ist, dass dann auch ein(e) Gewinner(in) ermittelt wird, idealerweise durch die Mitarbeitenden selbst, und dann der bzw. die Gewinner(in) beispielsweise auf der Weihnachtsfeier oder dem Sommerfest öffentlich prämiert wird. Die Abstimmung kann dabei über die für das Leitbild eingerichtete Landing-Page erfolgen.

Die vorgestellten Kommunikationsmaßnahmen über alle Phasen der Commitment-Kurve hinweg sind selbstverständlich nur als Anregungen gedacht. Am Ende muss natürlich jedes Unternehmen selbst entscheiden, wie der Rollout des Leitbilds kommunikativ begleitet werden soll. Fakt ist jedoch, dass ohne begleitende Kommunikation der Flurfunk die Kontrolle übernimmt und dieser ist bekanntlich unberechenbar und mitunter wenig konstruktiv. Und bei all dem darf man nicht vergessen: Man kann nicht nicht kommunizieren!

4.4   Veränderungsthemen umsetzen

„Intelligence is the ability to adapt to change". Dieser Satz wird dem theoretischen Physiker und Astrophysiker Stephen Hawking zugeschrieben. Und er bringt es voll auf den Punkt: Veränderungsintelligenz ist für uns nicht weniger als DIE entscheidende Zukunftskompetenz unserer Zeit. Entsprechend ist nicht das größte Unternehmen automatisch auch das erfolgreichste, auch nicht das effizienteste oder das finanziell stärkste, sondern dasjenige, das am besten auf Veränderungen reagiert (Credits to Charles Darwin;-)).

Der Startschuss ist gefallen: Der Lenkungskreis hat die vorab gemeinsam identifizierten Veränderungsthemen priorisiert und die Freigabe (inklusive Budget) für die ersten Projekte erteilt (DÜRFEN), das Culture Development Office ist installiert und hat seine Arbeit aufgenommen, die temporären Projektteams sind entsprechend der jeweiligen Aufgabenstellung funktionsübergreifend und multiperspektivisch konfiguriert (KÖNNEN) und die Mitglieder der temporären Projektteams sind voller Tatendrang (WOLLEN). Der Umsetzung steht also nichts mehr im Wege! Oder doch? So einfach, wie gerade beschrieben, ist es unserer Erfahrung nach in vielen Unternehmen leider nicht. Ihr erinnert euch an den Ausspruch: *„Wir haben kein Erkenntnis-, sondern ein Umsetzungsproblem."* Und dieses Problem ist unserer Erfahrung nach leider recht weit verbreitet. Wir haben in den zurückliegenden Jahren eine ganze Reihe von Unternehmen kennen gelernt, die den beschriebenen Prozess bis zu einer gemeinsamen Absichtserklärung mit Elan und Energie vorangetrieben, aber dann nicht wirklich mit der Umsetzung der Veränderungsprojekte begonnen haben. Alles blieb mehr oder weniger beim Alten. Und fragt man dann nach den Ursachen für die zögerliche Umsetzung hört man immer wieder den Satz, *„Wir sind alle bis zum Rand voll mit Aufgaben, das können wir parallel nicht auch noch stemmen:"* Aber Ihr wisst ja: **Kultur wächst beständig aus allem, was wir tun, oder eben unterlassen zu tun!** Ihr habt also die Wahl: Soll die Umsetzung von relevanten Veränderungsthemen zukünftig ein konstruktiver Teil Eurer Kultur werden? Wenn ja, dann wisst Ihr was zu tun ist: Bündelt Eure Energie bzw. Eure Kräfte und gebt der Umsetzung der Veränderungsthemen höchste Priorität, denn deren Umsetzung ist fraglos existenziell für den Fortbestand des Unternehmens! Wenn nein, dann kultiviert ihr unwillkürlich wirkungslose Absichtserklärungen und das Leitbild verkommt zu einer Sammlung schöner Worte und bunter Bilder. Aber Vorsicht, dieses Vorgehen ist alles andere als wirkungslos. Es prägt nachhaltig Eure Kultur, eine Kultur voller großer Worte ohne daraus folgenden Taten. Oh weh! Also, wie stellt man stattdessen sicher ins „Machen" zu kommen? Denn Ihr wisst ja bereits: Machen ist wie wollen, nur viel krasser!

An dieser Stelle kommt es vor allem auf das Culture Development Center an! Lasst es uns ganz deutlich sagen: Ohne die Einrichtung eines Culture Development Center werdet Ihr die Operationalisierung des Leitbilds und damit die Umsetzung der Veränderungsthemen definitiv an die Wand fahren! Unternehmen, die sich scheuen Mitarbeitende zu 100 % für diesen Job einzusetzen, unterminieren den Stellenwert des Leitbildprozesses und lassen die temporären Projektteams mit ihren mannigfaltigen Herausforderungen im Regen stehen. Denn die Aufgabe des Culture Development Center ist es, den Prozess konstant mit Energie, Transparenz und Willensstärke voranzutreiben und dafür Sorge zu tragen, dass die Veränderungsprojekte in sämtlichen Unternehmensbereichen ganz oben auf der Tagesordnung bleiben. Natürlich haben alle viel zu tun und natürlich ist es hart Ressourcen aus dem Tagesgeschäft abzuziehen. Aber rumeiern ist keine Lösung! Je fokussierter und zielstrebiger die Veränderungsthemen angegangen werden, umso schneller entfaltet sich ihre Wirkung. Und dies führt für gewöhnlich zu signifikanten Entlastungen im „Tagesgeschäft". Das ist der primäre Zweck der Veränderungsprojekte! Das Unternehmen effektiver und effizienter aufzustellen. Und das ist eben kein Selbstläufer. Eine weitere zentrale Aufgabe des Culture Development Center ist es, die Projektlandschaft so zu gestalten, dass sich die temporären Projektteams voll und ganz auf ihre Aufgaben konzentrieren können, frei von vermeidbaren Hindernissen und Blockaden. Neben der Bereitstellung geeigneter Räumlichkeiten und Materialien sowie einem professionellen Zeitmanagement, müssen die temporären Projektteams, unserer Erfahrung nach, vor allem methodisch unterstützt werden. Und diese Unterstützung braucht es von Beginn an, bereits bei der Planung der einzelnen Veränderungsprojekte. Nun ist es aber so, dass in einer dynamischen komplexen Welt langfristige Planungen wenig sinnvoll sind und wenn die Aufgabenstellungen dann auch noch komplex sind, können wir klassische Planungsmethoden samt und sonders in die Tonne treten. Einen Ausweg hieraus bietet uns die Nutzung agiler Zielplanungssysteme. Agile Zielplanung ermöglicht es den Projektteams sich ihren Zielen in kleinen Schritten zu nähern und dabei immer wieder Anpassungen an sich verändernde Rahmen- bzw. Umfeldbedingungen vorzunehmen. Und genau das verstehen wir unter Veränderungsintelligenz. Die von uns bevorzugte Methode zur agilen Zielplanung ist die vom Intel Mitbegründer Andy Grove entwickelte OKR-Methode, mit der er den damals taumelnden Chiphersteller zurück auf die Überholspur brachte. Hinter dem Akronym OKR verbirgt sich die Phrase „Objektives and Key Results". Als Leitidee der OKR-Methode wird der Fragestellung nachgegangen: *Welche Resultate sind entscheidend für das gemeinsame Erreichen unserer Ziele?* Die

OKR-Methode dient dabei als Brücke zwischen langfristigen Visionen, mittelfristigen Zielen und der kurzfristigen Umsetzung in Teams. Gleichzeitig sorgen OKRs für Transparenz und stärken die Eigenverantwortung sowie das Commitment auf ein gemeinsames Zielbild. Genau das, was wir zur Operationalisierung unseres Leitbilds benötigen! Zum besseren Verständnis wollen wir Euch kurz die zentralen Elemente und Prinzipien der Methode im konkreten Kontext der Planung von Veränderungsprojekten vorstellen.

OKR-Elemente
Die OKR-Methode besteht aus **zwei zentralen Elementen,** den Zielen (Objectives) und den Schlüsselergebnissen (Key Results):

1. Als **qualitativ formulierte Ziele** beschreiben **Objectives** das gewünschte Ergebnis oder die Wirkung eines Projekts in einem klar definierten Zeitraum. Sie dienen dem Team als Ansporn bzw. Inspiration und helfen die Aktivitäten des Teams auf ein gemeinsames Ziel auszurichten. Wichtig dabei ist, dass die Objectives überaus ambitioniert formuliert werden und sich durchaus unbequem anfühlen. Hierdurch soll den Teammitgliedern geholfen werden über sich hinaus zu wachsen. Eben raus aus der Komfortzone! Hilfreich bei der Formulierung der Objectives sind dabei die sogenannten QUBA-Kriterien (**Q**ualitativ & übergeordnet, **U**msetzbar, **B**alanciert zwischen inspirierend und erreichbar sowie **A**bgeleitet vom Leitbild), wobei die Objectives generell auf die Dauer von nicht mehr als drei bis sechs Monaten ausgerichtet sein sollten. Nach jedem realisierten Zyklus werden neue Objectives definiert, wobei pro Zyklus nicht mehr als maximal drei bis vier zentrale Objektives formuliert bzw. bearbeitet werden sollten. Dies schafft Fokus auf das Wesentliche. Große Veränderungsprojekte benötigen oftmals einen größeren zeitlichen Umfang als drei bis sechs Monate, um ihre volle Wirkung zu entfalten. In diesem Fall gilt es einfach in auslieferbaren Inkrementen (aka Teilergebnissen) zu denken und nach jeder Iteration (aka Zyklus oder Sprint) zu schauen, wo man steht und, darauf aufbauend, die nächste Iteration zu planen.

2. **Key Results** sind spezifische, messbare Ergebnisse oder Meilensteine, die verwendet werden, um den Fortschritt bei der Erreichung eines Objectives zu verfolgen. Key Results sind die **quantitative Komponente** der OKRs und vermitteln ein klares Bild davon, welche Fortschritte bei der Erreichung des gewünschten Objectives in einem definierten Zeitraum erzielt wurden. Orientierung bei der Formulierung der Key Results geben die sogenannten **SMAAART-Kriterien** (**S**pezifisch, **M**essbar, **A**kzeptiert, **A**mbitioniert & machbar, **A**bgeleitet vom Objective, **R**ealistisch sowie **T**erminiert). Dabei wird jeweils am Ende eines vollendeten Zyklus überprüft, ob die Key Results erfüllt bzw. nicht erfüllt wurden. Überaus wichtig ist dabei, dass sowohl bei nicht Erfüllung als auch bei Übererfüllung der Key Results nach den Ursachen hierfür geforscht wird, wodurch ein kontinuierlicher Lernprozess initiiert wird.

OKR-Prinzipien

In unserer Arbeit mit OKRs haben sich **fünf zentrale Prinzipien** als besonders bedeutungsvoll für den Projekterfolg herauskristallisiert:

1. **Bottom-Up & Top-Down:** Während die Identifikation der Veränderungsthemen im Rahmen der Leitbildentwicklung im Kollektiv unter Beteiligung möglichst vieler Mitarbeitenden stattgefunden hat, obliegt die Priorisierung der Veränderungsthemen sowie die Formulierung entsprechender Objectives exklusiv bzw. ausdrücklich der Geschäftsleitung. Natürlich kann das Führungsteam dabei auch im Rahmen eines *„kollegialen Beratungsprozesses"* Meinungen bzw. Einschätzungen ausgewählter Expertinnen und Experten in die Entscheidungsfindung mit einbeziehen. Eines ist jedoch von ganz entscheidender Bedeutung: Am Ende ist es die originäre Verantwortung und Aufgabe von Führung Themen zu setzen und damit der kulturellen Entwicklung der Organisation Richtung und Geschwindigkeit zu geben. Nicht zu entscheiden oder langes Zaudern „kostet" uns am Ende immer mehr als es uns einbringt. Und keine Entscheidung ist immer auch eine Entscheidung!

2. **Kollaboration & Selbstorganisation:** Die für die Veränderungsprojekte abgeleiteten Objectives definieren den Rahmen, in dem sich

die bereichsübergreifenden temporären Projektteams selbstorganisiert Schritt für Schritt fortbewegen können. So entscheiden die Teams eigenverantwortlich, wie die im Team vorhandenen spezifischen Kompetenzen sowie das Erfahrungswissen jedes einzelnen Teammitglieds möglichst wirkungsvoll zum Erreichen der vordefinierten Ziele eingesetzt werden. Darüber hinaus hat es sich als überaus wirkungsvoll erwiesen, die einzelnen Teams mit anderen Projektteams zu vernetzen bzw. dass die temporären Projektteams in einen kollaborativen Austausch miteinander treten. Die Organisation des teamübergreifenden Austauschs liegt dabei in der Verantwortung des Culture Development Center.

3. **Transparenz & vernetztes Wissen:** Die Arbeit mit OKRs schafft für alle Beteiligten Transparenz und Klarheit bezüglich der zu erreichenden Ziele bzw. der zu realisierenden Ergebnisse. Dabei wird auch deutlich, wer welchen Beitrag zur Zielerreichung geleistet hat. Hierbei geht es jedoch nicht um Kontrolle, sondern um die Offenlegung spezifischer Kompetenzen bzw. um deren Vernetzung über alle bearbeiteten Projekte hinweg.

4. **Iteration & voneinander lernen:** Manifester Bestandteil der OKR-Methode ist das kontinuierliche Lernen im bzw. am Projekt. Nach jedem Zyklus ist es vorgesehen, dass Erfahrungen möglichst projektübergreifend ausgetauscht bzw. gemeinsam reflektiert werden. Von Interesse ist dabei nicht nur, was gegebenenfalls schlecht gelaufen ist. Vielmehr wird ein besonderes Augenmerk auch daraufgelegt, was zum Erfolg des Projektzyklus beigetragen hat, um so gleichermaßen von Misserfolgen und Erfolgen zu lernen.

Bei der **konkreten Anwendung** der OKR-Methode im Rahmen unseres Leitbildprozesses erarbeiten wir zunächst das **WARUM** für jedes Veränderungsthema. Denn Veränderung braucht immer ein starkes WARUM! Schon mal versucht die eigenen Essgewohnheiten zu ändern? Schon mal versucht mit dem Rauchen aufzuhören? Dann ist Dir fraglos klar, von was wir sprechen. Veränderung ist meist mit Widerständen verbunden; die Gefahr des Scheiterns bedroht den Erfolg. Entsprechend brauchen wir überaus plausible Argumente, damit sich die Mitarbeitenden voller Elan an die Arbeit machen und Widerständen mit Entschlossenheit entgegentreten. Und diese Argumente müssen wir klar kommunizieren, am besten mit einer Stimme, immer und immer wieder.

Nach der Beantwortung des WARUM folgt die **Konkretisierung der Veränderungsthemen** in Form sogenannter OKR-Boards. (Abb. 4.5).

Schritt 1: Beschreibung der gewünschten Situation zum Beispiel in zwölf Monaten. Der Zeitraum richtet sich dabei immer nach der Größe des Projekts bzw. nach der jeweiligen Sinnhaftigkeit. Dieses **übergeordnete Objective** wird unmittelbar abgeleitet aus den Ergebnissen bzw. Erkenntnissen der Kulturanalyse, wie in Kap. 3 beschrieben. Dies ist überaus wichtig, da das Zielbild hierdurch Relevanz und zugleich Glaubwürdigkeit erfährt. Damit die Zukunftsbeschreibung auch eine Portion Kreativität in sich trägt, nutzen wir gerne einen kleinen Trick und geben den Teilnehmenden die Aufgabe eine Situation zu beschreiben, die mit folgenden Worten beginnt: *Wir schmeißen in 12 Monaten eine Party, wenn....* Die konkrete Formulierung sollte dabei natürlich nach den oben beschriebenen QUBA-Kriterien erfolgen.

Schritt 2: Die übergeordnete Zukunftsbeschreibung gilt es nun, in einem zweiten Schritt, näher an die aktuelle Situation zu bringen und

Abb. 4.5 Beispiel OKR-Board

sie entsprechend für den ersten Zyklus weiter zu konkretisieren. Wir bleiben dabei im selben Modus wie in Schritt eins und beschreiben ein **Objective in drei bis sechs Monaten**. Auch in Schritt 2 gelten, wie zuvor, die QUBA-Kriterien.

Schritt 3: In Schritt 3 geht es nun darum **Key Results** zu formulieren, die den gewünschten Fortschritt bei der Erreichung des formulierten Zielbilds messbar machen. Die Formulierung der Schlüsselresultate folgt dabei den zuvor beschriebenen SMAAART-Kriterien. Wichtig ist sich hierbei auf Weniges, aber Wesentliches zu konzentrieren.

Schritt 4: Nun gilt es final die konkreten **Aktivitäten** für den ersten Zyklus festzulegen. Hierbei können wir auf den Ideenspeicher zurückgreifen, den wir in den Workshops der Kulturanalyse (Abschn. 3.4) gemeinschaftlich erarbeitet haben. Insbesondere hier ist die Nutzung der kollektiven Intelligenz mit ihrem Alltags- & Erfahrungswissen von unschätzbarem Wert.

Schritt 5: Last-but-not-least gilt es das „**Ownership**" des Projekts final festzulegen. Wie in Abschn. 4.2 beschrieben hat jedes temporäre Projektteam auch einen Sponsor, der entweder Mitglied des Lenkungskreises oder eines hohen Gremiums der Organisation ist. Durch die Wahl eines hochrangigen Projektverantwortlichen stellen wir sicher, dass das Engagement, die Beteiligung und die Vernetzung bis in die höchsten Ebenen des Unternehmens sichergestellt ist. Und wir gewährleisten hierdurch den Zugriff auf alle relevanten Kompetenzen der Fach- und Funktionsbereiche des Unternehmens.

Sobald alle Veränderungsthemen in Form von OKR-Boards konkretisiert wurden, gilt es nun diese untereinander abzustimmen. Hierdurch sorgen wir für die **vertikale Vernetzung** der Projektteams, damit 1 + 1 nicht 2, sondern mindesten 3 ergibt!

Eine weitere Herausforderung, die vor der konkreten Umsetzung der Veränderungsthemen zu bewältigen ist, ist die Wahl eines jeweils geeigneten **Arbeitsmodus.** Grundsätzlich können wir dabei zwischen einem **Lean-Modus** und einem **agilen Modus** wählen. Adaptiv, je nach Kontext. Während im Lean-Modus versucht wird die Arbeit in standardisierte Prozesse zu überführen und dabei eindeutige, klar vorgezeichnete Lösungswege skizziert bzw. umgesetzt werden, setzt man im agilen Modus auf flexible, iterative Vorgehensweisen, um rasch neue Lösungen entwickeln, ausprobieren, verbessern oder auch wieder verwerfen und durch alternative Lösungen ersetzen zu können. Diese Unterscheidung ist wichtig, da sich die zu bewältigenden Aufgaben im Rahmen der Veränderungsprojekte zum Teil grundlegend im Hinblick auf ihre Komplexität und Unsicherheit bzw. die jeweils beste Lösung unterscheiden. Hilfestellung zur Entscheidung, ob nun besser „Lean" oder „Agile" als Arbeitsmethode geeignet ist, liefert uns die sogenannte Stacey-Matrix (Abb. 4.6).

Die **Stacey-Matrix** basiert auf der Idee, dass sich die Wahl eines jeweils geeigneten Arbeitsmodus unmittelbar an der jeweiligen Aufgabenstellung, die mehr oder weniger kompliziert, komplex, dynamisch, unvorhersehbar sein kann, orientieren sollte. Dabei ergeben sich vier sich unterscheidende Aufgabenstellungen:

1. **Einfache Aufgabenstellungen:** Bei einfachen Aufgabenstellungen ist das Problem klar definiert, es gibt klare Lösungswege und die Entscheidungen können auf Basis von bekannten Informationen

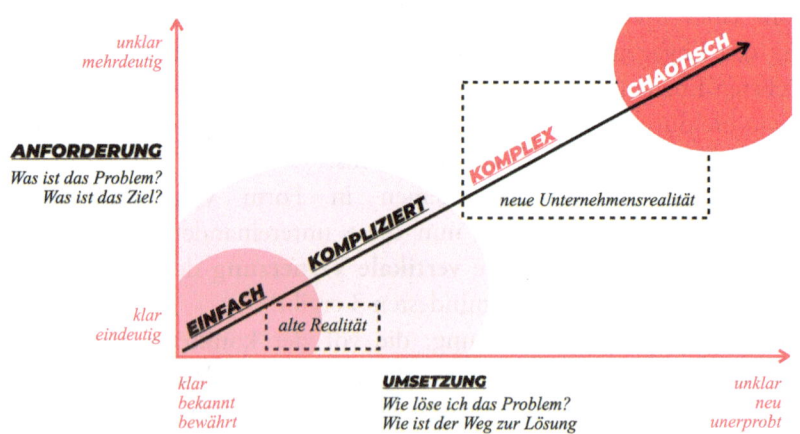

Abb. 4.6 Stacey-Matrix

getroffen werden. Es handelt sich um eine eher stabile und vorhersehbare Umgebung. In diesem Kontext kommt sehr oft und gerne die klassische „Wasserfall-Methode" zum Einsatz. Beispiele für einfache Aufgabenstellungen sind etwa die Überarbeitung von Reisekostenbestimmungen, Dienstwagenregelungen oder die Implementierung eines neuen Raummanagements zur Buchung von Besprechungsräumen.

2. **Komplizierte Aufgabenstellungen:** Komplizierte Aufgabenstellungen zeichnen sich durch eine hohe Anzahl von möglichen Lösungswegen aus, die jedoch auf Basis von vorhandenem Fachwissen und Erfahrung eingeschätzt und bewertet werden können. Die Umgebung ist hier ebenfalls relativ stabil, aber es bedarf einer sorgfältigen Analyse und Bewertung der Informationen. In dieser Realität kommen sinnvoller Weise oftmals Lean-Methoden, wie beispielsweise Kanban, zum Einsatz. Ist beispielsweise eine im OKR-Board vereinbarte Aktivität die Optimierung von Taktzeiten in der Produktion, ist es die Aufgabe des Projektteams Standards zu entwickeln, nach denen die Produktion auszurichten ist, die neuen Standards einzuführen und dann, unter aktiver Mitwirkung der Mitarbeitenden aus der Produktion, kontinuierliche Verbesserungen vorzunehmen.

3. **Komplexe Aufgabenstellungen:** Komplexe Aufgabenstellungen zeichnen sich durch eine hohe Unsicherheit und Dynamik aus. Es gibt viele unbekannte Variablen und es ist schwer vorherzusagen, wie die Entscheidungen sich auf die Lösung der Aufgabenstellung auswirken werden. Entscheidungen können hier nur auf Basis von Annahmen und Vorhersagen getroffen werden. In solchen Situationen bietet es sich an zur Problemlösung auf agile Methoden zurückzugreifen, wie beispielsweise Design Thinking, Lean Startup und/oder Scrum. Ein Beispiel für eine komplexe Aufgabenstellung wäre etwa der Aufbau eines bereichs- bzw. unternehmensübergreifenden Innovationsnetzwerks. Zur Lösung dieser komplexen Aufgabe werden alternative Herangehensweisen diskutiert und experimentell umgesetzt. Daraufhin wird die Wirkung der Experimente situativ bewertet und dann der nächste Schritt geplant und vollzogen. Dieses Vorgehen wird so lange wiederholt, bis das

Problem gelöst ist oder sich die komplexe Aufgabenstellung zu einer komplizierten verändert hat.

4. **Chaotische Aufgabenstellungen:** In chaotischen Situationen gibt es keine klaren Strukturen oder Regeln. Die Umgebung ist sehr unsicher und instabil und es ist schwer, Informationen zu sammeln und zu analysieren. Entscheidungen müssen hier schnell und ohne Vorwarnung getroffen werden, um die Situation unter Kontrolle zu bringen. Methodisch muss chaotischen Aufgabenstellungen grundsätzlich mit agilen Methoden begegnet werden. Ein Beispiel für eine chaotische Aufgabenstellung wäre etwa ChatGPT unmittelbar nach dessen Launch zur Optimierung des eigenen Leistungsbündels nutzbar zu machen, um möglichen Wettbewerbsnachteilen bzw. Marktverlusten durch die Einführung der neuen Technologie umgehend vorzubeugen. Kommt es zu chaotischen Zuständen, geht es zunächst einmal darum, sich möglichst umgehend aus der Schockstarre zu lösen und die Gefahrenzone unverzüglich zu verlassen.

Die Stacey-Matrix nutzen wir als Werkzeug, um Einigkeit in den temporären Projektteams darüber herzustellen, welches der jeweils sinnvollste Arbeitsmodus für die zu bewältigenden Aufgaben ist. Je nach Aufgabenstellung gibt es klare Empfehlungen zur Vorgehensweise. Von geradezu eminenter Bedeutung ist, dass jedem klar ist, dass Situationen sich im Zeitverlauf verändern. Und so ist es auch ein ganz natürlicher Prozess, dass wir beispielsweise in einer chaotisch/komplexen Realität starten und im Zeitverlauf zu komplizierten und im besten Fall zu einfachen Situationen kommen. Dies kann je nach Iteration/Zyklus/Sprint variieren.

Alles, was jetzt noch zu tun ist, ist MACHEN! Natürlich wissen wir, dass Veränderungen nicht immer einfach sind; lieb gewonnene und kultivierte Gewohnheiten, Glaubenssätze, Routinen loszulassen eine echte Herausforderung ist. Dabei hängt der Fortschritt in Veränderungsprozessen vor allem auch von der Atmosphäre ab, in der die Veränderungen angegangen bzw. vorgenommen werden. Und der Einstellung, die Menschen gegenüber neuen Vorstellungen, Ideen, Herangehensweisen haben. Ein wesentlicher Erfolgsfaktor ist dabei die Möglichkeit und Bereitschaft immer wieder dazu zu lernen. Und lernen funktioniert unserer Erfahrung nach immer dann am besten, wenn es uns gelingt die Lernerfahrung möglichst nahe an die produktive Arbeitsrealität zu bringen und eine angstfreie Atmosphäre für Lernen zu schaffen. Genau deshalb ist das Thema Fehlerkultur – wir nennen es lieber Lernkultur, aber dazu später mehr – stets Teil jedes Kulturprojekts und eben deshalb widmen wir dem Lernen, einem unserer Herzensthemen, auch das letzte Kapitel unseres Buchs.

4.5 Lernen kultivieren

Schon mal auf einer „Fuck Up Night" gewesen? Da erzählen sich Menschen, was alles schiefgelaufen ist und feiern ihre Fehler bzw. die Fehler anderer. Eigentlich ne coole Sache. Eigentlich! Denn es geht nicht darum, wie ab und an zelebriert, voller Stolz besonders krasse Fehler zu feiern, sondern darum Erkenntnisse für die Zukunft zu generieren, Gelerntes zu reflektieren, Erfahrungen mit anderen zu teilen und vor allem eine Kultur zu schaffen, in der nichts aus Angst vor möglichen persönlichen Folgen unter den Teppich gekehrt wird. Und genau das verstehen wir unter „erfahrungsbasiertem Lernen". Zum besseren Verständnis des Konstrukts lohnt es sich den Begriff „Fehler" etwas differenzierter zu beleuchten. Wir unterscheiden dabei zwischen drei unterschiedlichen Fehlerkategorien:

1. **Vermeidbare Fehler in einem bekannten und planbaren Umfeld:** Dies sind Fehler, die prinzipiell unnötig sind. Fehler, die einfach nur nerven. Denn eigentlich wissen wir es besser. Doch Fehler passieren. So ist das Leben.
2. **Unvermeidbare Fehler in einem komplexen Umfeld:** Aufgrund unvorhersehbarer Interdependenzen und Rückkopplungseffekten in komplexen Systemen sind solche Fehler unumgänglich. Man kann sie einfach nicht vermeiden.
3. **Kluge Fehler am Rande des Wissens und der eigenen Erfahrungswelt:** Diese Art von Fehler sind die Basis für persönliches Wachstum und damit auch für die Weiterentwicklung von Menschen und ganzen Organisationen. Jedes Mal, wenn wir uns aus unserer

Erkenntnis- und Erfahrungswelt (aka Komfortzone) heraus trauen, ist dies meist mit Fehlern verbunden, die uns etwas gänzlich Neues offenbaren.

Make a long story short: **Fehlerkultur war gestern. Lernkultur ist das neue Ding!** Statt „fail fast" kultivieren wir „learn fast" und schaffen damit eine lernende Organisation, die nach und nach über sich hinauswächst.

Im Rahmen eines nachhaltigen Kulturmanagements übernimmt idealerweise das **Culture Development Office** die Institutionalisierung erfahrungsbasierten Lernens entlang der bearbeiteten Veränderungsthemen. Im Fokus steht dabei der Auf- bzw. Ausbau der **Veränderungsintelligenz** der temporären Projektteams, die ihrerseits ihre Erfahrungen in ihre Geschäfts- bzw. Funktionsbereiche weitergeben. Wir bewegen uns hierdurch als Unternehmen im Kollektiv aus unserer Komfortzone heraus, befruchten uns gegenseitig und kultivieren hierdurch eine Kultur des Lernens, die auf Entwicklung und Wachstum, statt auf Sanktionen und Bestrafung der „Schuldigen" setzt. Ganz im Sinne eines lebenslangen Lernens.

Zur Verankerung eines erfahrungsbasierten Lernens in den temporären Projektteams haben sich insbesondere agile Methoden bewährt. Das agile Mantra ist ja „Build, Measure, Learn" (vgl. dazu auch Abschn. 1.3): Ausgehend von einer Hypothese setzen wir gezielt Impulse und messen dann, ob wir das angestrebte Ergebnis erreicht haben. Aus dem Delta zwischen Erwartung und Ergebnis lernen wir. Das dabei Gelernte fließt dann in die nächste Iteration ein, d. h. wir passen unsere Hypothese über die Wirklichkeit an und geben den nächsten Impuls. Das Gute an einem methodisch, oder Framework basierten Lernprozess ist, dass Erkenntnisgewinne per Definition unmittelbar mit Wertschätzung verbunden sind und es folglich keinen Grund gibt, sich für Fehler zu schämen. Stattdessen kultivieren wir in den Projektteams einen offenen und konstruktiven Umgang mit Nichtwissen und Unsicherheit. Natürlich ist uns klar, dass dies in vielen Unternehmen bis heute nicht gelebte Praxis ist und dies erst einmal in einem geschützten Rahmen erprobt werden muss. Wenn Wissen als Machtinstrument verstanden wird, Nichtwissen als Inkompetenz gebrandmarkt wird und in der Chefetage "Allwissenheit" herrscht, ist dies fraglos keine triviale Aufgabe. Wie bereits an anderer Stelle erwähnt, braucht es hierfür eine besondere Atmosphäre von Vertrauen und Sicherheit. Ein Biotop voller Neugierde und Experimentierfreude: das Culture Development Office!

Aber lernen ist nicht gleich lernen. Auch hier müssen wir genauer hinschauen. Hilfestellung hierfür liefern uns die Studien bzw. Erkenntnisse der Experten für organisationales Lernen Chris Argyris und Donald Schön (2018):

1. **Single-Loop-Lernen:** Bei dieser – der vermeintlich einfachsten – Form des Lernens werden die direkten **Auswirkungen von Verhalten** als Feedback zurückgemeldet. Das Ziel besteht darin, effektiver bzw. effizienter zu werden, indem man seine Fähigkeiten und Techniken verbessert, um ein bestimmtes Ziel zu erreichen bzw. ein Resultat herzustellen, ohne dabei den Kontext oder die zugrunde liegenden Annahmen zu überprüfen. Als klassische Methoden des Single-Loop-Lernens zeigen wir Dir, wie regelmäßige **Retrospektiven** funktionieren (Abb. 4.7).

2. **Double-Loop-Lernen:** Der Double-Loop soll uns helfen ein konkreteres Verständnis von Problemen und Herausforderungen zu erlangen. Ziel ist es dabei, die **zugrunde liegenden Annahmen, Überzeugungen und Glaubenssätze** zu hinterfragen, die unser Denken und Handeln beeinflussen. Mit anderen Worten, Double-Loop-Lernen beinhaltet nicht nur das Erkennen und Korrigieren von Fehlern in unseren Handlungen, sondern auch die sucht nach den tieferliegenden Ursachen für diese. Hierdurch soll ein besseres Verständnis von auftretenden Problemen ermöglicht werden, was dann idealtypisch zu besseren bzw. nachhaltigeren Lösungen führt. In

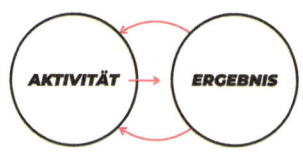

Abb. 4.7 Single-Loop-Lernen

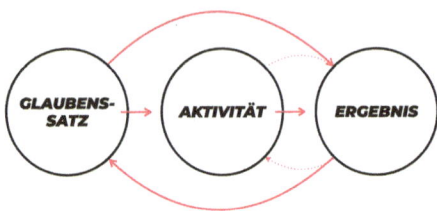

Abb. 4.8 Double-Loop-Lernen

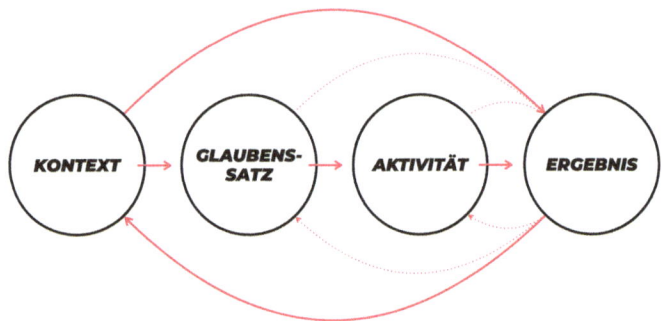

Abb. 4.9 Triple-Loop-Lernen

diesem Bereich möchten wir Dir **Immunity to Change** als Methode vorstellen (Abb. 4.8).

3. **Triple-Loop-Lernen:** Das Triple-Loop-Lernen erweitert unser Blickfeld noch einmal signifikant. Hierbei hinterfragen wir nicht nur unsere Handlungen und die Annahmen, Überzeugungen und Glaubenssätze, die zu diesen geführt haben, sondern schauen uns, darüber hinaus, den **expliziten Kontext** an, in dem das Ganze stattgefunden hat. Als Methode stellen wir Dir das sogenannte **Situation Mapping** vor, das unmittelbar auf der Immunity-to-Change-Methode aufbaut (Abb. 4.9).

Methode 1: Retrospektive (Single-Loop-Lernen)
„Retros" – wie man in der Agile-Szene sagt – sind immanenter Bestandteil jedes agilen Frameworks. Warum das so ist? Ganz einfach: das Arbeiten in Iterationen macht erst dann Sinn, wenn zwischen den

einzelnen Schritten (Iterationen) ausreichend Zeit eingeplant wird für Reflexionen. In der Reflexion schauen wir als Team regelmäßig zurück auf die erzielten Arbeitsergebnisse und unsere Zusammenarbeit, um diese zu bewerten und daraus Schlüsse für die nächste Iteration bzw. grundsätzlich für die Zukunft abzuleiten. Entsprechend sollten Retros unbedingt auch im Alltag der temporären Projektteams verankert werden.

IN A NUTSHELL:

Warum machen regelmäßige Retros Sinn?
Um aus konkreten, alltäglichen Erfahrungen als Team zu lernen.

Was ist das konkrete Resultat der regelmäßigen Retro?
„Hands-On"-Ableitungen und -Maßnahmen zur Verbesserung von Arbeitsergebnissen und der Zusammenarbeit, basierend auf Alltagserfahrungen.

Wie sind regelmäßige Retros durchzuführen?

- **Teilnehmende:** Alle temporären Projektteams bzw. alle Teams, die im Rahmen des Kulturmanagements bzw. der Umsetzung der Veränderungsthemen etwas länger zusammenarbeiten.
- **Zeitfenster:** 20–60 min, je nach Teamgröße und Erfahrungsraum.
- **Vorbereitung & Material:** Template mit Leitfragen (siehe: Abb. 4.10)
- **Sequenz 1:** Jeder Teilnehmende führt ein **individuelles Brainstorming** entlang der beiden Dimensionen Arbeitsergebnis (Review) und Arbeitsprozess (Retrospective) entlang ausgewählter Leitfragen (z. B. Like, Dislike, Wish) durch. Wenn man etwas nicht mag, sollte man dies offen und unmissverständlich kommunizieren, jedoch immer verbunden mit einem konkreten Wunsch die zukünftige Zusammenarbeit betreffend.
- **Sequenz 2:** Die Teilnehmenden **stellen sich ihre Ergebnisse untereinander vor**. Hierzu beginnt ein Mitglied der Gruppe, die notierten

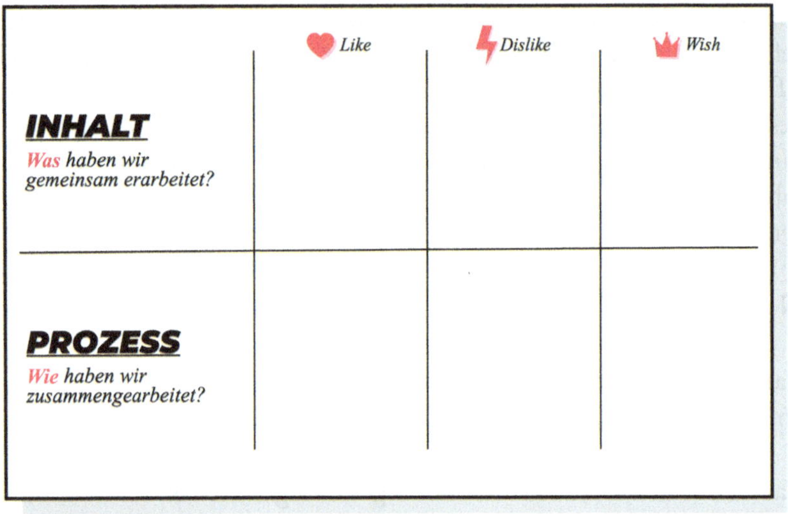

	❤️ *Like*	⚡ *Dislike*	👑 *Wish*
INHALT *Was haben wir gemeinsam erarbeitet?*			
PROZESS *Wie haben wir zusammengearbeitet?*			

Abb. 4.10 Template Retrospektive

Erkenntnisse in den entsprechenden Bereich zu kleben und vorzustellen. Diese können direkt durch ähnliche oder deckungs-
gleiche Erfahrungen aus dem Team ergänzt werden. So entsteht
nach und nach ein repräsentatives Bild aus dem individuellen und
gemeinsamen Erleben der Gruppe. **Ähnliche Antworten werden
zu Clustern zusammengefasst** und die einzelnen Cluster mit einer
Überschrift versehen.

- **Sequenz 3:** Final gilt es gemeinsam konkrete **Ableitungen und
  Maßnahmen für die Zukunft** zu formulieren und als Team sich
  auf diese zu verpflichten. Idealerweise werden die abgeleiteten
  Maßnahmen in Form konkreter Arbeitspakete in den nächsten
  „Sprint" mit aufgenommen.

Some Insights:

Bei der Auswahl geeigneter Fragen für eine Retro sind der Fantasie
im Grunde genommen keine Grenzen gesetzt. Inspiration findest Du
zum Beispiel auf www.retromat.org. Plant bei Eurem ersten Retro einfach ein bisschen mehr Zeit ein. Dann setzt Ihr Euch nicht unnötig

unter Druck. Ach so, eins vielleicht noch: Wir machen Retros auch total gerne mit der Geschäftsführung, dem Lenkungskreis, dem Culture Development Office und dem Botschafter-Netzwerk. Eigentlich machen wir Retros mit allen möglichen Teams, mit denen wir über einen längeren Zeitraum zusammenarbeiten.

Methode 2: Immunity to Change (Double-Loop-Lernen)
Wie kann es eigentlich sein, dass nach einem Strategie-Offsite getroffene Entscheidungen im Team nicht umgesetzt, vereinbarte Projekte nicht angegangen werden, und dies, obwohl sich hierzu alle Teilnehmenden verbindlich verpflichtet haben? Wie kann es sein, dass so viele Führungskräfte die Meeting-Struktur in ihrem Unternehmen beklagen, sich immer wieder fest vornehmen, diese nun wirklich zu verändern, sorgfältiger zu planen, die Meetings besser vorzubereiten und trotz des guten Willens aller Beteiligten alles beim Alten bleibt? Kommt Dir das bekannt vor? Die Harvard-Professoren Robert Kegan und Lisa Lahey sprechen in solchen Fällen sehr treffend von „Veränderungsimmunität", dem Unvermögen trotz fester Vorsätze sich zu verändern. Es geht dabei explizit nicht um hemmende Kräfte in Gestalt von wichtigen nachvollziehbaren Gründen oder einem bewussten nicht Wollen aufgrund persönlicher Umstände. Ursächlich für diese „Immunity to Chance" sind laut Kegan und Lahey Glaubenssätze (innere Überzeugungen als Resultat unserer Sozialisation, die unser Handeln determinieren), die überaus subtil im Widerspruch zur gewünschten Veränderung stehen und diese unbewusst boykottieren (2009). Wenn wir als Leadership-Team immer wieder mit Nachdruck postulieren, dass das "operative Geschäft" das Wichtigste für den Erfolg des Unternehmens ist, werden wir entsprechend diesem Mantra, diesem Glaubenssatz alles andere unterordnen. Untermauert wird dieser Glaubenssatz noch aus gemachten Erfahrungen aus der Vergangenheit, in der „strategisch relevante Themen" immer hinten angestellt bzw. eh' nie wirklich angegangen wurden. Ist ein solcher Glaubenssatz erst einmal in den Köpfen der Beteiligten fest verankert, helfen auch keine gut gemeinten Aufforderungen bzw. Willensbekundungen mehr. Denn die Beteiligten werden immer wieder unbewusst Situationen schaffen, die den Glaubenssatz bestätigen bzw. Gründe suchen und finden, wieso

etwas nicht geht. Dieses Verhalten ist aus neurobiologischer Sicht vollkommen nachvollziehbar, da Menschen grundsätzlich dazu tendieren, anstrengende Inkohärenz bzw. kognitive Dissonanz zu vermeiden.

IN A NUTSHELL
Warum macht Immunity to Change Sinn?

Um die Veränderungsimmunität zu überwinden.

Was ist das konkrete Resultat von Immunity to Change?
Tief verwurzelte Annahmen und Überzeugungen von Menschen bzw. Teams werden aufgedeckt und idealerweise überwunden. Dies fördert bzw. ermöglicht Menschen, Teams und gesamten Unternehmen unbewusste Wachstumsblockaden zu überwinden und ihre Schlagkraft zu erhöhen.

Wie führt man Immunity to Change durch?

* **Teilnehmende:** Das Team
* **Zeitfenster:** eine Stunde bis zu einem halben Tag

Vorbereitung & Material: Template mit Leitfragen und Prozesslogik (siehe: Abb. 4.11)

* **Sequenz 1:** Formulierung des Veränderungsziels
* **Sequenz 2:** Zunächst werden die Widerstände gegen das Veränderungsziel über beobachtbares Verhalten, konkrete Situationen und Szenen, die dem Ziel zuwiderlaufen, beschrieben. Dies geschieht zunächst in Zweierteams. Die Ergebnisse der Teams werden hierauf im Gesamtteam geteilt und das Team sucht gemeinsam nach verborgenen, unausgesprochenen inneren Verpflichtungen, die dem Ziel entgegenlaufen. Es ist überaus hilfreich, die dabei erarbeiteten Erkenntnisse zu visualisieren, um ggf. vorhandene Verknüpfungen der identifizierten Verpflichtungen transparent zu machen, die den Widerstand möglicherweise potenzieren.

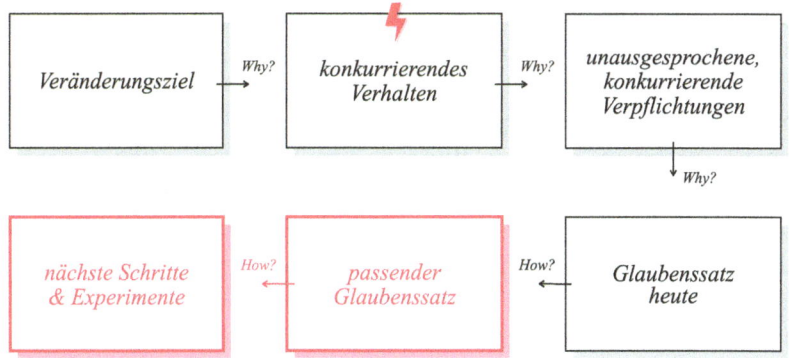

Abb. 4.11 Template Immunity to Change

- **Sequenz 3:** Auf Basis der in Sequenz 2 identifizierten inneren Verpflichtungen wird nun ein zentraler Glaubenssatz extrahiert.
- **Sequenz 4:** Nun gilt es den in Sequenz 3 formulierten Glaubenssatz durch einen neuen, passenderen Glaubenssatz zu ersetzten, der die Zielerreichung unterstützt.
- **Sequenz 5:** Final werden nun Experimente ersonnen, um die zukünftig angestrebten Verhaltensweisen zu testen bzw. diese zu erproben, um damit die tief verwurzelten Überzeugungen und Annahmen herauszufordern und schließlich zu überwinden.

Some Insights

Immunity to Change ist auch eine ganz wunderbare Übung für Einzelpersonen. Ungeübten geben wir gerne den Ratschlag, die Methode im Tandem anzuwenden. Denken ist ein sozialer Prozess und Multiperspektivität ist immer hilfreich.

Methode 3: Situation Mapping (Triple Loop Lernen)

Mit der Methode „Situation Mapping" versuchen wir unsere mit der „Immunity to Change Methode" herausgearbeiteten Glaubenssätzen im Kontext gegebener Rahmenbedingungen bzw. Beziehungen tiefergehender zu verstehen. Denn der Kontext bestimmt das Sein! Wir verlassen bei dieser Methode bewusst unseren geläufigen Blickwinkel bzw. unsere vertraute Position und wechseln damit grundlegend unsere

Perspektive. Denn unsere ureigene Perspektive ist immer nur eine von vielen möglichen Perspektiven.

Kennst Du die Parabel von den drei blinden Männern, die von einem Raja in Indien aufgefordert wurden, einen Elefanten zu untersuchen? Nachdem die drei Blinden den Elefanten betastet hatten, erklärte der Raja den Männern: Ihr habt soeben einen Elefanten untersucht. Nun sagt mir, was ist ein Elefant? Der erste beschrieb den Elefanten wie eine stattliche Säule, denn er hatte ein Bein untersucht. Der zweite versicherte, dass der Elefant eher mit einer Bürste verglichen werden kann, da er sich bei der Untersuchung dem Schwanz des Tieres gewidmet hatte. Schließlich versicherte der dritte, der die Stoßzähne untersucht hatte, dass der Elefant wohl eher einer Pflugschar glich. Und sogleich begannen die drei Männer darüber zu streiten, wer wohl Recht habe. Niemand von ihnen konnte das Gesamtbild des Elefanten erfassen. Ähnlich können wir in unserer Wahrnehmung der Realität oft nur einen Teil der Wahrheit erkennen, während der Rest uns verborgen bleibt. Es ist wichtig, sich dessen bewusst zu sein und offen zu bleiben für andere Perspektiven, um ein vollständigeres Bild der Realität zu erlangen. Und genau dafür nutzen wir das Situation Mapping. Wir stellen unsere Glaubenssätze in einen übergeordneten Kontext und können so ein tiefergehendes Verständnis unseres Verhaltens erlangen, was uns hilft, unser Verhalten neu auszurichten bzw. bewusst zu modifizieren.

IN A NUTSHELL:

Warum macht Situation Mapping Sinn?
Um unsere Situation holistisch zu verstehen und unser Blickfeld signifikant zu erweitern.

Was ist das konkrete Resultat von Situation Mapping?
Mit Situation Mapping machen wir unseren Kontext explizit. Dazu analysieren wir für eine spezifische Situation das überaus komplexe Beziehungsgeflecht zwischen unseren Stakeholdern unter Berücksichtigung zentraler externer Einflussfaktoren (z. B. Sustainability,

Digitalisierung, Makroökonomische & Technologische Trends). Dies führt uns idealerweise zu einem tiefergehenden Verständnis für den Ursprung unserer Glaubenssätze und, in direkter Folge, zu Verhaltensänderungen sowie gegebenenfalls zu einer effektiveren Entscheidungsfindung.

Wie führt man Situation Mapping durch?

- **Teilnehmende:** Das Team
- **Zeitfenster:** eine Stunde bis zu einem halben Tag

Vorbereitung & Material: (physisches oder virtuelles) Whiteboard, am besten eine große beschreibbare Wand, um das Bild sukzessive entwickeln zu können.

- **Sequenz 1:** Identifizierung und Formulierung der zu analysierenden Situation bzw. des Problems, welches analysiert und visualisiert werden soll. Am besten ihr platziert das Problem in der Mitte.
- **Sequenz 2:** Erstellen einer Liste der verschiedenen Stakeholder, einschließlich Einzelpersonen, Gruppen, Organisationen und Institutionen über die wir mehr erfahren möchten.
- **Sequenz 3:** Identifizierung der Interessen, Bedenken und Ziele jedes Stakeholders.
- **Sequenz 4:** Darstellung der Beziehungen und Interaktionen zwischen den Stakeholdern, einschließlich möglicher Konflikte oder Allianzen.
- **Sequenz 5:** Identifizierung externer Einflussfaktoren, die unsere Situation beeinflussen können, wie beispielsweise wirtschaftliche, soziale, politische oder technologische Kräfte. Welche Wirkung erzielen diese? Welche Potenziale bleiben ungenutzt? Welche Perspektiven fehlen uns?
- **Sequenz 6:** Gemeinsam werten wir die Situation Map aus, um Muster, Trends und potenzielle Lösungen bzw. Interventionen zu identifizieren. Wir stellen uns konkret die Frage, wie die beschriebene Situation die Entstehung bzw. das subtile Wirken unserer Glaubenssätze unterstützt und wie wir diesen in einer konstruktiven Weise entgegenwirken können.

Some Insights

Eine Situation kann auch mit der Methode der Strukturaufstellung analysiert werden. Hierbei repräsentieren Teammitglieder die Situation mit ihren Ausprägungen, im Sinne der jeweiligen Stakeholder, Einflussfaktoren und dem zu analysierenden Problem. Strukturaufstellungen werden in ganz unterschiedlichen Feldern eingesetzt, beispielsweise zur Erforschung von Familienkonstellationen oder der Organisationsentwicklung.

Aber Vorsicht! Die oben beschriebenen drei Methoden sind nur eine mögliche Auswahl von einem ganzen Blumenstrauß von Methoden, die organisationales erfahrungsbasiertes Lernen initiieren bzw. unterstützen können. Der Kontext bestimmt das Sein! Ever and ever! Wichtig ist vor allem, dass die Methode zum Team bzw. der jeweiligen Situation passt. Hier einige Fragen, die Euch Aufschluss hierüber geben können: *Wird die Methode im Team als sinnvoll erachtet? // Ist der Grad der „Crazyness" der Richtige, um das Team in Schwung zu bringen? // Unterstützt die Methode das Team dabei spontan bzw. nachhaltig besser zu werden? // Ist bei allen Beteiligten der „Gute Wille" da, um die Methode ernsthaft auszuprobieren?* Die Anzahl von Methoden zur Förderung von Lernprozessen ist beachtlich und von jeder Methode gibt es zahlreiche Variationen. Sicherlich braucht es ein bisschen Zeit, Geduld und Übung, um für die Teams jeweils das passende Methodenset zu finden. Manche Methoden sind sehr anspruchsvoll und sollten unbedingt von ausgebildeten Profis durchgeführt werden. Aber keine Angst. Lebenslanges Lernen bedeutet auch in diesem Kontext: Einfach anfangen! Was es vor allem hierzu braucht ist Geduld mit uns selbst und mit unseren Teams, einen gesunden Menschenverstand, den guten Willen aller Beteiligten sowie eine ordentliche Portion Furchtlosigkeit. Und die Lernreise kann beginnen!

Es ist wichtig, Lernen hierbei als kontinuierlichen Prozess zu verstehen. Eine Kultur des stetigen Lernens im Team erreicht ihr nicht mit einem einmaligen Workshop oder einem exklusiv verliehen „Fail Award" im Rahmen einer „Fuck-Up Night". Die Courage „Nichtwissen" auszuhalten, Vertrauen in das Potenzial von Fehlern als vitale Quelle des Lernens zu verstehen, einen konstruktiven Umgang mit

Fehlern jeglicher Couleur zu kultivieren, sind das Resultat eines langfristigen, disziplinierten Einübens. Das braucht, neben Zeit, vor allem auch Menschen, die das Thema auf der Agenda haben und halten. Die das Team bzw. die Teams immer wieder daran erinnern, unterstützen und dafür Sorge tragen, dass im besten Fall die Learnings über Teamgrenzen hinweg geteilt werden, sodass die gemeinsame Lernkurve noch steiler wird. Exakt deshalb steht „Lernen kultivieren" ganz oben auf der Agenda des Cultural Development Office.

Und ja, eine nachhaltige Lernkultur verändert auch die Führungskultur. Statt ausschließlich Kommandos zu geben, Ergebnisse zu kontrollieren und bei Fehlern reflexhaft Schuldige zu suchen, geht es darum die richtigen Themen zu setzen, Wege zur Umsetzung der Themen zu finden, Dinge möglich zu machen und nicht nach Gründen zu suchen, wieso etwas nicht geht. Und natürlich gilt dabei auch für die Führungskräfte: Raus aus der Komfortzone! Erinnerst Du Dich an das schon einmal von uns zitierte Bonmot des CEO eines unserer Projektpartner: *„Wir haben das Privileg zu wachsen. Als Organisation wie auch als Menschen. Ja, das bedeutet, dass wir Alle uns aus der persönlichen Komfortzone heraus bewegen müssen und auch, dass wir uns als Führungskräfte am Rande unseres Wissens- und Erfahrungshorizonts bewegen. Aber genau das ist unser Job als Führungsteam: Die Freude am Wachstum, die Begeisterung für lebenslanges Lernen und Veränderung willkommen heißen. Diesen Spirit müssen wir in die Organisation und damit zuallererst zu den Menschen bringen. Nur so wird es uns gelingen eine Organisation, eine Gemeinschaft von Menschen, von innen heraus zum Leuchten zu bringen."*

Nur wer für eine Sache brennt kann andere dafür entzünden!

Literatur

Watzlawick, P., Beavin, J. H., & Jackson, D. D. (2011). *Menschliche Kommunikation: Formen, Störungen, Paradoxien.* Huber.

Luhmann, N. (1981). Die Unwahrscheinlichkeit der Kommunikation. In N. Luhmann (Hrsg.), *Soziologische Aufklärung 3: Soziales System, Gesellschaft, Organisation.* Westdeutscher Verlag.

Conner, D., & Patterson, R. (1982). Building commitment to organizational change. *Training & Development Journal, 36*(4), 18–30.

Argyris, C., & Schön, D. A. (2018). *Die lernende Organisation.* Schäfer-Pöschel.

Kegan, R., & Lahey, L. L. (2009). *Immunity to change: How to overcome it and unlock the potential in yourself and your organization (Leadership for the Common Good).* Harvard Business Press.

Epilog

Wer es bis hierhin geschafft hat, hat fraglos wirkliches Interesse an professioneller Kulturentwicklung. Entsprechend wollen wir Dich willkommen heißen im Kreise der unerschrockenen „Kulturschaffenden", die sich voller Leidenschaft, Ernsthaftigkeit und Freude dem Thema widmen. Wahrscheinlich hast Du es gemerkt: Wir glauben an das, was wir tun. Aber wir sind auch voller Demut, ob der großen Aufgaben, vor denen wir als Unternehmen, als Gesellschaft, als Menschheit stehen. Es bedarf einer großen gemeinsamen Anstrengung die in unserer Zeit liegenden Herausforderungen in Chancen zu transformieren. Hin zu einem besseren Miteinander, einem verantwortungsvolleren Umgang mit den uns zur Verfügung stehenden Ressourcen, hin zu mehr Selbstbestimmung und Selbstentfaltung, voller ZukunftsMut. Ein zentraler Schlüssel, damit dies gelingen kann, ist unseres Erachtens das Arbeiten MIT Kultur, auf allen Ebenen, in allen wirtschaftlichen, politischen und gesellschaftlichen Institutionen. Überall da, wo Menschen miteinander bzw. füreinander arbeiten. Und klar ist auch, dass es hierfür die Intelligenz, den Willen und die Kraft des Kollektivs bedarf. Entsprechend möchten wir Dich einladen mit uns in Kontakt zu treten, Wissen auszutauschen, neue Wege zu

© Der/die Herausgeber bzw. der/die Autor(en), exklusiv lizenziert an Springer Fachmedien Wiesbaden GmbH, ein Teil von Springer Nature 2023
T. Ginter und A. Romppel, *Hit the Culture Button: Unternehmenskultur erfolgreich entwickeln – Potentiale wirksam entfalten*,
https://doi.org/10.1007/978-3-658-42769-6

gehen. Zu diesem Zweck haben wir eine Landing Page eingerichtet, auf der wir Dir eine Vielzahl von Methoden-Templates als Download zur Verfügung stellen, solche, die wir in unserem Buch vorgestellt bzw. angesprochen haben und solche, von denen wir glauben, dass Sie Dir bei Deiner Arbeit von Nutzen sein können. Entsprechend unseres Mindsets natürlich „free of charge". Außerdem werden wir Dir auf der Website von Aktivitäten bzw. Projekten berichten, die uns umtreiben und Dich wissen lassen, wenn wir mal wieder eine schlaue Idee hatten, ein tolles Modell entwickelt haben oder einfach das Bedürfnis verspüren Gleichgesinnten etwas mitzuteilen. Du erreichst uns unter www.hit-the-culture-button.de.

Sei Teil einer neuen Management-Bewegung!

In diesem Sinne: See you!

GPSR Compliance

The European Union's (EU) General Product Safety Regulation (GPSR) is a set of rules that requires consumer products to be safe and our obligations to ensure this.

If you have any concerns about our products, you can contact us on ProductSafety@springernature.com

In case Publisher is established outside the EU, the EU authorized representative is:

Springer Nature Customer Service Center GmbH
Europaplatz 3
69115 Heidelberg, Germany

The manufacturer's authorised representative in the EU is Springer
Nature Customer Service Centre GmbH, Europaplatz 3, 69115 Heidelberg,
Germany. If you have any concerns regarding our products, please
contact ProductSafety@springernature.com

Printed and bound by CPI Group (UK) Ltd, Croydon, CR0 4YY

24/04/2026

02096352-0001